O FIM DO IDIOTA INTERIOR

DEIXE DE SER SEU PRÓPRIO INIMIGO E FAÇA SUA VIDA ANDAR

BRUNO GIMENES

O FIM DO IDIOTA INTERIOR

Nova Petrópolis/RS - 2022

Capa
Desenho Editorial

Produção editorial
Tatiana Müller

Projeto gráfico
L Aquino Editora

Revisão
Marcos Seefeld

Imagens do miolo
Freepik.com.br

Arte página 71
Walk Comunicação

Dados Internacionais de Catalogação na Publicação (CIP)
(Câmara Brasileira do Livro, SP, Brasil)

Gimenes, Bruno
  O fim do idiota interior : deixe de ser seu próprio inimigo e faça sua vida andar / Bruno Gimenes. -- Nova Petrópolis : Luz da Serra Editora, 2022.

  ISBN 978-65-88484-44-9

  1. Auto-ajuda 2. Autoconhecimento 3. Desenvolvimento pessoal 4. Espiritualidade 5. Mudança de atitude 6. Mudança de vida 7. Tomada de decisão I. Título.

22-100210   CDD–158.1

Índice para catálogo sistemático:

1. Desenvolvimento pessoal : Autoajuda : Psicologia
158.1
Eliete Marques da Silva – Bibliotecária – CRB-8/9380

Todos os direitos reservados. Nenhuma parte desta obra pode ser reproduzida ou transmitida por qualquer forma e/ou quaisquer meios (eletrônico ou mecânico, incluindo fotocópia e gravação) ou arquivada em qualquer sistema ou banco de dados sem permissão escrita da Editora.

Luz da Serra Editora Ltda.
Avenida Quinze de Novembro, 785
Bairro Centro - Nova Petrópolis/RS
CEP 95150-000
loja@luzdaserra.com.br
www.luzdaserra.com.br
loja.luzdaserraeditora.com.br
Fones: (54) 3281-4399 / (54) 99113-7657

SUMÁRIO

INTRODUÇÃO
Será que este livro
é para você?
(não se ofenda, mas você
pode ser um idiota!)
9

CAPÍTULO 1
O que é ser um idiota interior?
15

CAPÍTULO 2
Os 6 vícios humanos
29

CAPÍTULO 3
Mude o seu piloto automático
41

CAPÍTULO 4
As emoções manipulativas
55

CAPÍTULO 5
Qual é a sua missão de vida?
77

CAPÍTULO 6
Você é causa ou efeito?
93

CAPÍTULO 7
Não seja um idiota
com pessoas negativas
101

CAPÍTULO 8
O milionário espiritual
123

CAPÍTULO 9
Faça rupturas e mude o seu mundo
139

CAPÍTULO 10
Dê, realmente, um fim
ao seu idiota interior
151

INTRODUÇÃO

**Será que este livro é para você?
(Não se ofenda, mas você pode ser um idiota!)**

Alguma vez na vida você já perdeu a força, o ânimo e a energia, não conseguindo realizar aquilo que, naquele momento, era tão importante? Alguma vez já se sentiu patético por perceber que, numa determinada área, você flutua, surfa, mas em outras se sente como um idiota porque aquilo é difícil para você? Alguma vez já precisou mudar algo, como um hábito, mas acabou desistindo?

Você está se sentindo um pouco sem direção, sem saber qual é a sua missão de vida? Anda priorizando tudo, menos aquilo que é importante? Costuma começar as coisas e não ir até o fim? Você percebe que está cheio de pessoas negativas ao seu redor sugando a sua energia? Ou, ao contrário, está com uma necessidade absurda de se sentir amado pelas pessoas à sua volta e, pior, de se sentir aprovado? E isso está travando a sua vida?

Sente-se escravo da opinião alheia? Quantas decisões você já tomou e que eram totalmente contrárias àquilo que gostaria de fazer? Quantos sins falou querendo dizer não? Quantas vezes alguém disse "vamos fazer isso", e você nem estava a fim, mas não conseguiu se impor? E quantas vezes você se deparou com algum bloqueio, alguma trava, algum medo, e por mais que tentasse fazer de tudo não conseguiu ir até o fim para resolver essa situação?

Você percebe um ciclo de histórias que se repetem? Parece que aquela bendita situação está acontecendo de novo, e de novo e de novo na sua vida, e você ainda se pergunta: "Por que comigo?". Ou, então, você dá um passo para frente e depois dá dois para trás? Sua vida não está nada leve, nem fluida? Ela está do jeito que você queria ou está do jeito que dá? Você é aquele tipo de pessoa que pode até ter conseguido muita coisa, mas, pelo amor de Deus, que trabalho que deu!?

Se está acontecendo alguma dessas coisas com você, chegou a hora de mudar! Isso porque eu tenho certeza de que o seu cérebro está agindo contra você. Quando o seu cérebro está mal programado, em vez de ser seu amigo, ele se torna um inimigo, fazendo de você uma pessoa fraca em algumas áreas, enquanto tem sucesso em outras. E é injusto que este órgão abençoado esteja trabalhando contra você. Afinal, o cérebro é como um computador: ele aceita uma programação. Então, chega de tê-lo como o seu maior bloqueador!

Neste livro, eu convido você a reprogramar a sua mente. Seja muito bem-vindo a *O Fim do Idiota Interior*. Nas páginas a seguir, vou ajudar você a mudar essa realidade, a acabar com esse idiota interior, ou seja, a essência que há dentro de nós e que se distrai absurdamente e nos mostra um caminho que não é a nossa realidade.

Está preparado para realizar a mudança mais drástica que já fez?

Porque eu vou te mostrar quais são os segredos da programação mental para destravar a sua vida, realizar os seus sonhos e fazer tudo fluir com muito mais tranquilidade e naturalidade. Juntos, vamos dissolver as programações inconscientes de medo, vergonha, baixa autoestima, perda da confiança, culpa, decepção...

Acredite se quiser: existem alguns processos internos que você vai precisar desvendar. Mas, para isso acontecer, tem que se conscientizar de que será um mergulho e que vou precisar te falar algumas coisas bem importantes, já que eu sou um especialista nesse assunto. Aprendi que, para que o seu cérebro dê atenção a você e às mudanças necessárias, você precisa sofrer algumas oscilações, e essas oscilações acontecem num formato de comunicação impactante. Porque este assunto – "fim do idiota interior" – é impactante sim! E eu vou te pedir encarecidamente: não fique chateado comigo, porque eu vou meter o pé na porta, eu vou meter o dedo na sua ferida.

Farei isso não porque queira ser um imbecil – embora às vezes eu apresente uns lapsos de imbecilidade, já que eu também tenho o meu idiota interior. Mas é porque eu realmente quero ajudar você a mudar a sua realidade, a ser livre, a ser o que você nasceu para ser! Neste livro, vou mostrar que, para reprogramar a sua mente, existem muitos segredos. Não é só ouvir aquele vídeo do YouTube e sua mente estará transformada. Não é assim! E entre os muitos segredos está a comunicação impactante. Então, minhas palavras aqui podem não ser agradáveis de serem lidas, podem doer... Mas farei isso por amor a você!

Eu não empurro ninguém, eu cutuco. Ou seja, eu não vou levar você... Você é quem vai ter que fazer a sua parte. Não adianta achar que só ficar sentadinho no seu sofá sem fazer nada vai resolver. E se você preferir palavras com mais ternura, tudo bem... Afinal, tem gente que não quer mexer no idiota interior, não quer mexer na programação. Se a sua vida está funcionando, se você é tudo o que nasceu para ser, se você está no lugar que acha que é bom, pode ler este livro só por diversão. Agora, se tem alguma coisa que não está legal na sua vida, se está patinando em alguma área, se você sempre desiste das mesmas coisas, se não está nem perto do que sabe que veio para ser no mundo, me acompanhe até o final deste livro, porque eu tenho condições de te ajudar e prometo que vou dar o meu melhor.

Então, leia tudo com muita atenção e vontade de mudar, porque o conteúdo aqui é luz, pura luz. Eu posso ter até meus momentos de imbecil e fazer um monte de coisas erradas, mas com esse assunto eu não brinco. Eu sou bom no que eu vou ensinar a você e vou ajudá-lo a mudar a sua vida.

Está a fim de fazer isso? É só virar a página!

Talvez você tenha se incomodado com o título deste livro, achando que eu estou te chamando de idiota. Mas não é nada disso! O que estou falando é que todo mundo tem um idiota interior – inclusive eu –, o qual temos que aprender a domar. A idiotice começa naquele ego que não assume que é preciso mudar. É um programa mental, que costumo chamar de "piloto automático idiota". Sim... Piloto automático idiota que faz você ter decisões idiotas.

Para começar, me diga se você conhece a seguinte história: "Nossa, ele é tão bem-sucedido nos negócios, mas é tão estúpido nas questões do amor". Ou: "Olha, ela é tão linda... Abdômen tanquinho, super disciplinada, com hábitos saudáveis... Só que não sabe dar limites para ninguém. O povo monta em cima dela!". E tem ainda: "Ele é um ótimo pai, um marido maravilhoso, mas na carreira é um desastre!". Certamente, você já ouviu (ou falou) comentários como esses.

Mas me diga: qual é a área de sua vida em que você é um desastre? Vamos falar sério: em qual área você é um idiota? Isso acontece por conta das programações que nós temos, as quais estou chamando de piloto automático idiota. E por que isso? Em primeiro lugar, você precisa entender que cérebro é diferente de mente. As pessoas falam da mente como se estivessem falando do cérebro.

Mas são coisas totalmente diferentes! O cérebro é como se fosse a antena; a mente, como se fosse a estação de rádio. A mente é como um campo de energia, um campo de consciência. Já o cérebro tem várias responsabilidades, e uma das coisas que ele mais odeia é perder ou gastar energia. Para evitar isso, o que ele faz? Cria protocolos.

Eu vou dar um exemplo para você entender melhor. Quando fazemos uma pesquisa no Google, escrevemos: "como criar ga...". E aí o programa já faz o autopreenchimento: "como criar galinha", "como criar gato", "como criar gato siamês", etc. Esse autopreenchimento é uma faceta do Google para que ele não tenha que criar uma requisição nova para a sua busca. O raciocínio é esse: "Deixa eu te oferecer os resultados que eu tenho de forma rápida, para ver se algum deles combina logo com o que você está procurando". Entendeu? Mais um exemplo: você vai a um bom restaurante e, na hora de escolher o que comer, o garçom lhe oferece o prato do dia, que sai em cinco minutos, e o *à la carte*, que fica pronto em 40 minutos. Ou seja: o *à la carte* ainda vai ter que ser "processado", enquanto o prato do dia já está pronto.

Consegue compreender isso? Para poupar energia, o cérebro cria uma programação. E quando essa programação acontece, nós a chamamos de "hábito". Todo mundo tem hábitos! Todo mundo tem programação! Nós achamos que hábitos são caminhar, fazer exercícios, etc. Claro que são! Mas existem micro-hábitos, e eles mandam em você. Micro-hábitos são ligados à sua ação, aos seus comportamentos e às suas reações. Por exemplo, quando chega uma notícia triste, algumas pessoas ficam mais calmas e outras morrem de chorar. Cada uma tem a sua programação, o seu micro-hábito. Então, os micro-hábitos são o artifício do cérebro para ele andar sozinho, gastando menos energia.

Veja esta soma: hábitos + micro-hábitos = seu sistema operacional. Assim como o iOS, dos celulares da Apple, e o Android, para a maioria dos outros aparelhos, o cérebro também possui um sistema operacional, só que ele é composto pelos hábitos. Essa situação é tão louca, que cerca de 70% do que fazemos é no automático. Isso acontece comigo, contigo, com todo mundo! E o engraçado é que muita gente acha que está no controle... Mas, se 70% de tudo o que você faz é no automático, quem programou esse sistema operacional? Essa é a pergunta que você tem que se fazer.

Aliás, saiba que, se você quer mudar a sua vida em poucos minutos, faça isso por meio de perguntas.

> **Qual é a pergunta que eu não estou fazendo que, se eu fizesse, mudaria a minha vida?**

Como posso ser feliz trabalhando metade do que trabalho hoje? Como posso seguir minha missão de vida de verdade? Se eu tivesse coragem de tomar todas as decisões que eu preciso, qual seria a primeira? Se eu tivesse coragem de fazer tudo o que eu tenho que fazer, que vida eu teria? Se eu pudesse escolher agora uma vida perfeita, o que teria nela? Se eu tivesse o dom de apagar algumas coisas que estão na minha vida neste momento, que coisas seriam essas?

É por isso que eu disse que vai doer... Quer saber quem programou esse sistema operacional? Eu vou falar a coisa mais difícil: não foi você! Olha a gravidade do que estou afirmando: quem programou esse sistema operacional não foi você! Você tem um piloto automático que manda na sua vida com hábitos e micro-hábitos. Só que esse piloto automático não foi você quem criou... Você o acatou! Quem é meu aluno no programa Aura Money sabe: a prosperidade que você tem hoje é fruto da programação que você acatou até agora! Por exemplo: "Bruno, meu salário é de R$ 3 mil". Não, a sua programação mental é de salário de R$ 3 mil. "Bruno, minha renda é de R$ 11 mil ao mês". Não, a sua programação mental é de renda de R$ 11 mil ao mês. Ao falar assim, você passa a jogar a responsabilidade nas suas costas – por ter acatado essa programação. E a autorresponsabilidade muda tudo.

A prosperidade que você sonha só será possível com uma nova programação mental nos seus termos. O mesmo acontece em outras áreas de sua vida. "Ah, eu só tenho relacionamentos tóxicos...". Não, não é isso... Você tem uma programação mental de relacionamentos tóxicos! Na maioria das vezes, nós temos uma programação mental que não combina com os nossos desejos racionais. E o que isso significa? Significa única e exclusivamente que você tem uma programação de hábitos e micro-hábitos que inconscientemente está lá, mas, conscientemente, não combina com os sonhos de sua vida. Então, você deseja algo, mas, inconscientemente, seu piloto automático idiota está definindo outro caminho.

A verdade é que **todos nós, sem exceção, temos um piloto automático de programação mental.** Por isso é que você precisa entender como o seu cérebro funciona. Ele quer colocar uma programação mental em você, e essa programação só pensa em economizar energia. Mas a grande sacada é que você pode ajudar o seu cérebro dando um caminho certo para ele. Assim, vai ser capaz de mudar a sua realidade. Por isso, é preciso localizar onde está o seu idiota interior e domá-lo.

Mesmo assim, de tempos em tempos, o idiota interior vai querer novamente surgir. Ponha uma coisa em sua cabeça: o idiota interior é que nem unha, cabelo, pelo do rosto, do corpo... Tem que ficar aparando. O idiota interior não se anula. Você pode até pensar: "Ah, eu fiz uma programação mental e sou uma outra pessoa." Não... É que nem unha... A programação cresce de novo. E você vai ter que sempre apará-la, de preferência todos os dias. Você precisa saber como lidar com o seu cérebro, porque senão o piloto automático se instala e não há o que fazer.

> *Infelizmente vivemos num mundo tóxico que estimula constantemente uma programação igualmente tóxica.*

É por isso que, aqui, vou te ensinar a trocar esse piloto. E, assim, você vai fazer a sua vida andar. Mas, afinal, o que significa fazer a sua vida andar? **Quando você troca o piloto automático, as coisas vêm com esforço mínimo.** Você quer algo e isso chega facilmente, porque você não tem mais uma programação contrária. Não quer dizer que você não faz nada e fica sentado passivo, mas que o seu esforço rende, compensa e acontece com leveza.

Sabe o que é doença autoimune? É quando o sistema imunológico de uma pessoa está atacando ela mesma. É um desequilíbrio total. Algo semelhante acontece com o seu cérebro. Quando ele está mal programado, seu piloto automático é um piloto idiota. É como se o seu cérebro estivesse brigando contra ele mesmo. Porém, quando você troca esse idiota, essa briga para. Você sai do clube da idiotice e a sua vida começa a andar. É isso o que vou te ensinar aqui.

O CICLO DA IDIOTICE

Você precisa entender que o ciclo da idiotice é uma coisa real. Funciona assim: acontece algum fato e, em seguida, ele desperta em nós emoções. Ou, melhor falando, alguma emoção aflora! Por exemplo, se você vir um rato, pode despertar o medo. Se alguém te contar uma notícia ruim, pode aflorar a tristeza. Preste muita atenção nessas palavras: "despertar", "aflorar". Elas são muito importantes. Porque o que as pessoas não se dão conta é que esse despertar, esse aflorar de emoções só vai acontecer de acordo com o que elas já têm.

Quando as emoções afloram, nossas células geram receptores de substâncias químicas compatíveis. O que esses receptores querem dizer? Que, quando você sente raiva de alguém, seu hipotálamo, que fica no cérebro, começa a fabricar neuropeptídios de raiva. Então, ao ficar com raiva, você fabrica substâncias compatíveis com a raiva; quando sente amor, fabrica substâncias compatíveis com o amor. E então, para que suas células possam assimilar essas substâncias fabricadas, elas criam os receptores dessa química produzida. Mas esse receptor da raiva, por exemplo, não existia antes nas células. Porém, a partir do momento que começam a existir, eles passam a gerar fome nas células.

Exemplo: A raiva produz substâncias de raiva, que para absorvê-las as células criam receptores. Uma vez que os receptores são criados eles vão pedir mais da mesma substância (fome da célula pela mesma substância). Na prática você dá origem a um vício emocional porque suas células começam a pedir mais.

O mesmo acontece com a vontade de comer chocolate ou com qualquer substância viciante. Por exemplo, ao sentir fome, se não souber gerenciar suas emoções, pode acabar comendo chocolate, em vez de algo saudável. É o seu cérebro que vai pedir mais chocolate – ou, dependendo da situação, mais raiva. Assim acontece para qualquer tipo de emoção. E saiba que é muito difícil gerenciar emoções.

Resumindo, você vai gerar os receptores nas células por causa das emoções que despertar. E, ao fazer isso, qual pode ser o resultado? A formação do vício. Olha que loucura! Isso nos traz uma nova equação: fato (acontecimento) + emoção = receptores = vícios. Então é por isso que temos o idiota interior. Ele pode levar até mesmo a um vício! Vício de quê? De mais emoção! Por isso é que este ciclo da idiotice é uma das coisas mais sérias que existem na sua vida.

Como você pode ver, o significado que dá para as coisas vem da programação. Aquilo que você dá significado desperta a emoção ou não. Imagine que um filho foi mal na escola.

Uma mãe pode dizer: "Ai, o que os outros vão pensar? Meu filho é burro!". Já outra mãe: "Ah, ele foi mal na escola... Acho importante ele passar por isso porque vai amadurecer". Ou seja, pessoas reagem ao mundo com a lente de suas próprias emoções. **Você reage ao mundo com a lente das suas próprias emoções!** Está entendendo? É a partir daí que a idiotice é formada. Ela é formada pelo vício emocional.

O ciclo da idiotice acontece justamente por isso: quando você viciar, vai pedir mais. Se ficar viciado em raiva, vai pedir mais. Se ficar viciado em angústia, vai pedir mais. É uma reação do seu cérebro.

E qual é o grande problema disso? É que todo esse mecanismo gera a formação de memórias emocionais. Este é o ponto.

O QUE SÃO MEMÓRIAS EMOCIONAIS?

Memórias são registros, certo? Se eu tenho uma memória boa, eu tenho uma emoção boa ao fato. Se eu tenho uma memória ruim, eu tenho uma emoção ruim ao fato. E isso é muito louco! Vou novamente repetir: você reage ao mundo com a lente de suas próprias emoções. É por isso que existe racismo, preconceito... É por isso que, quando eu tinha uns 10 anos, as pessoas olhavam para alguém tatuado e diziam: "É presidiário". Antigamente, skate era considerado como "atividade de vagabundo". Então, a Rayssa Leal ganhou medalha de prata nas Olimpíadas para o Brasil. Aí um país inteiro comemora e resquícios daquele velho preconceito começam a se quebrar. É uma quebra de paradigma por meio da mudança do significado. Esse é apenas um exemplo.

Olha, essas coisas são muito sérias. Você tem as suas memórias, e essas memórias alimentam o ciclo da idiotice. O problema é que as pessoas não entendem que **a memória traz mais do mesmo.** Você tem alguma história triste para contar? Nunca mais fale sobre isso! Aprenda, evolua, purifique, limpe a história triste. Todo mundo tem algo ruim que aconteceu em sua vida... E daí? Supera! Esta é a grande questão do circuito da idiotice: **quanto mais você revive a memória, mais traz do mesmo para a sua vida.**

> Esta é a grande questão do circuito da idiotice:
> **quanto mais você revive a memória,
> mais traz do mesmo para a sua vida.**

Então, se já aconteceu de você pensar "Nossa, eu estou sempre andando em círculos, esse negócio sempre me acontece...", é porque a sua memória está trazendo mais do mesmo. Se você alimentar memórias de dor, é por isso que vai atrair mais dor. Se você tiver memórias de vitórias, é por isso que vai atrair mais vitórias.

Entenda: se você tem memória, tem significado. Você dá o significado positivo (circuito positivo) ou o significado negativo (circuito negativo). Quem não se acerta no casamento, quem não se acerta nas relações, quem não se acerta na carreira ou em qualquer outra coisa, é porque o significado emocional que está dando para aquilo está ruim. É por isso que precisamos acabar com o clube (circuito) da idiotice.

Você reconhece que está no clube da idiotice? Isso não é vergonha, não! Todo mundo tem o seu próprio clube da idiotice para alguma área da vida. Eu também tenho? É claro! Lembra que já falei que o idiota interior é que nem unha e tem que aparar sempre? Eu faço isso com o meu. Por isso, quero que você diga agora para si próprio: em qual área de sua vida você sente que está no clube da idiotice? É na saúde, nas finanças, nos relacionamentos? É com a sociedade, é com a família? Mas pense bem... Não responda da boca pra fora porque saber disso vai ser essencial para você domar o seu idiota interior.

Os 6 vícios humanos

Dito tudo isso, agora você precisa entender os vícios humanos. A interpretação que faço deles é uma chave pouco conhecida, a que poucos tiveram acesso. Esses vícios são advindos da natureza humana: o cérebro, as emoções e os desafios do ser humano proporcionam isso. Se você falar com o Dalai Lama, com o Divaldo Franco ou com qualquer outra pessoa entre as mais evoluídas do mundo, vai ver que elas também passaram por isso. O importante não é você achar que é errado ter vícios e se sentir mal por isso. A melhor coisa sobre seus inimigos é saber que eles existem, quais são as suas atitudes e como agem.

E o que seriam vícios? Eu criei uma definição para isso: vício é algo que você quer, e não consegue parar de querer.

Você sabe que precisa parar de querer tal coisa, mas simplesmente não consegue parar de querer! Isso pode ser visto em quem é viciado em sexo, jogos, drogas, bebida, comida, televisão... Você sabe que não pode ir dormir tarde e que precisa parar de assistir aquele filme. Só que não consegue.

Volto a falar: não é sobre ter inimigos, é sobre saber quem são e como agem. A pior coisa nessa vida é você não saber que tem inimigos que estão agindo, porque eles são da natureza do ser. Mas a verdade é que a maioria das pessoas não os vê. Por isso é que eu vou abrir os seus olhos, para você conseguir enxergar esses inimigos internos e, também, as consequências que eles trazem para a sua vida. Vamos lá:

Vício humano número 1:

O VÍCIO DE SENTIR-SE NECESSÁRIO

Acredita? Sim... Todo ser humano é viciado em se sentir necessário. Todo mundo tem esse vício humano: o ser mais inteligente do planeta, seu chefe, seu funcionário, seu namorado, sua esposa... Repare que as pessoas criam relações de codependência para se sentirem necessárias. E o mais louco é que, quando elas conseguem atingir esse objetivo, fazem isso porque querem alguma coisa em troca. Dominam uma pessoa, a mente dessa pessoa... só para se sentirem necessárias.

Consequências: pessoas viciadas em se sentirem necessárias se tornam controladoras e carentes. Ninguém aguenta esse tipo de pessoa. Elas são inconvenientes e chatas. Mas calma... Podem não ser chatas o tempo inteiro, só de vez em quando. Mas são!

Vício humano número 2:

O VÍCIO DA ESPERANÇA

O ser humano está sempre esperando, esperando... Eu mesmo sou viciado na esperança, tenho fé nas pessoas. Insisto em amigos, em parentes, em colaboradores... Tenho uma esperança nas pessoas que nem elas mesmas têm em si próprias. Mas aí você me pergunta, abismado: "Bruno, não é para ter esperança?". É! Mas não é para fazer disso um vício e achar que tudo vai se consertar. "Mas, Bruno, acabou o otimismo?". Não! Você tem que ser realista e falar: "Olha, eu posso ter esperança, mas nessa pessoa eu não posso, porque a esperança é minha, não é dela".

O problema do vício humano da esperança é você ficar pensando: "Não, ele vai mudar, ele vai parar de me trair...". Não vai! "Meu chefe vai mudar, ele vai me reconhecer uma hora...". Não vai! "O mercado vai mudar...". Não vai! Este foi o vício humano – a esperança – que travou tanto a minha prosperidade uma época atrás. Eu ficava insistindo em um nicho, em uma área que não dava retorno. Não enxergava que eu estava deixando o vício humano da esperança me dominar, não conseguia partir para outra. Esse vício humano da esperança é o que faz as pessoas serem tão apegadas e não começarem coisas novas. Ficam insistindo no errado. Erram e não seguem adiante.

Consequências: esse vício traz preguiça, a pessoa fica sempre esperando. Também pode gerar passividade, que é um pouco diferente de preguiça. Passividade gera mediocridade: você aceita o menos. E isso acarreta dependência – a pessoa está a todo momento dependendo de algo ou de alguém. Outra consequência é a palavra da moda: procrastinação. Quem tem esse vício fica querendo resolver isso e aquilo, mas, como está sempre na esperança, procrastina.

Vício humano número 3:

O VÍCIO DO *INSIDER*

O que é uma pessoa *insider*? É aquela que quer ficar sabendo das coisas primeiro. Este é o vício humano de saber tudo antes de todo mundo. Onde você percebe esse vício em você? Assim que alguém te manda uma piada ou um meme engraçado que é novo, e você corre para compartilhar com a sua rede de amigos. Você quer mostrar a todos que tem a novidade.

Consequências: quando este vício humano de estar na frente, de saber as coisas antes é usado para o bem, vira inovação. Mas quando é usado para o mal, vira ganância e cobiça, além de gerar maledicência e fofoca. Todo fofoqueiro tem o vício do insider, é viciado em saber do novo para contar aos outros.

Vício humano número 4:

O VÍCIO DE ENCONTRAR CULPADOS

Este vício é mais uma explicação do idiota interior da programação do cérebro. Lembra que eu expliquei que o cérebro quer gastar pouca energia e, para isso, cria trilhas neurais? São requisições do cérebro. Então, quando você encontra um culpado, seu cérebro fala: "Ah, está aí a culpa". E assim ele para de trabalhar, descansa. Afinal, é cansativo ficar investigando o que você fez de errado. Olha o trabalho que vai dar você fazer o seguinte: "Não está bom aqui, deixa eu mudar ali". É cansativo! E por ser cansativo, o cérebro adora encaixar um culpado. Sabe aquela brincadeira "a culpa é minha, eu ponho em quem quiser"? É bem por aí. Só que, quando você entende o seu erro e está construindo um caminho para acertá-lo, você descobre suas limitações e se desenvolve. Isso é autoconhecimento e você tem que comemorar. Isso é a prosperidade do mundo batendo à sua porta. Entra, brilha prosperidade!

Consequências: este vício traz baixa autoestima, porque a pessoa fica culpando os outros na tentativa de fugir do problema. Mal ou bem, se ela falasse "eu sou responsável, eu fiz o errado, eu vou consertar", seria um sinal de autoestima alta. Mas, ao contrário, quem tem este vício é frágil emocionalmente e está sempre se vitimizando. "Ai, viram o que fizeram? O governo, o país...". Com isso, o viciado em encontrar culpados acaba sempre atraindo mais do mesmo para a sua vida.

Vício humano número 5:

O VÍCIO DE SER NOTADO

Este comportamento é comum nas crianças: "Pai, pai, olha como eu pulo!", "Mãe, mãe, olha o que eu sei fazer!". O problema é quando isso não some com o passar do tempo. As pessoas, mesmo adultas, querem ser notadas. E pouca gente domina isso. O vício humano de ser notado é revoltante. Mas ele existe, está na sua vida, está na minha vida. Eu adoro ser notado. Só que eu aprendi a dominar isso, senão esse vício me domina. Agora, tem muita gente que é dominada... Que não sai de casa se o batom não estiver legal, que não faz algo se ninguém for ver. E isso não é nada bom.

Consequências: parecido com o primeiro vício, este também gera carência. Traz, ainda, dependência, inconsequência e impertinência, porque a pessoa quer sempre chamar a atenção.

Vício humano número 6:
O VÍCIO DE SEMPRE TER RAZÃO

Este vício humano os casais conhecem bem! Muitos vão se reconhecer e vão falar que o marido ou a esposa querem sempre ter a razão. Mas a verdade é que muitas pessoas são assim e, normalmente, querem dar a última palavra em uma conversa ou discussão. Acham que são as únicas a saberem a verdade sobre algum fato ou, no fundo, querem impor a verdade delas a todos à sua volta.

Consequências: este vício gera vaidade e egocentrismo. Pode também levar à agressividade, porque a pessoa quer impor a razão nem que seja de forma agressiva. Com isso, naturalmente, torna-se grossa e arrogante.

> E o que seriam vícios?
>
> Eu criei uma definição para isso:
>
> vício é algo
> que você QUER,
> e *não consegue*
> PARAR de querer.

Bruno Gimenes
@brunojgimenes

SERÁ QUE VOCÊ TEM ESSES VÍCIOS?

A maioria das pessoas tem todos esses vícios. Ou quase todos. O que precisamos entender é qual está mais forte em nós, a ponto de fazer com que o nosso piloto automático idiota exista. Mesmo que hoje você pense: "Ah, mas eu sou tão bom...". Claro que é! Porém, ainda tem muito a aprender. Imagina quando você conseguir se livrar desses vícios? Vai ficar muito melhor!

Se você não dominar esses vícios humanos, como é que vai fazer o seu "quadro das visões" com os seus desejos e falar "vou conquistar tudo"? Como é que vai fazer o Ho'oponopono inúmeras vezes para resolver tudo em sua vida? Este assunto é mais profundo... O próprio vício nos enrola e não nos deixa decolar. O clube da idiotice não permite isso. Então, busque sanar esses vícios e nunca deixe seu brilho morrer. Vá ser o que você nasceu para ser!

UMA HISTÓRIA PARA TE INSPIRAR

Certa vez, um homem estava andando por todo o deserto, já morto de sede. Então ele disse: "Alá, por favor, você precisa me ajudar, eu preciso beber água! Meu camelo vai morrer de sede e eu também estou morrendo". Quando ele estava quase desfalecendo, viu um oásis repleto de água e frutas. Após agradecer a Alá, ele e seu camelo beberam bastante água e comeram as frutas. Sentindo-se revigorado, o homem decidiu descansar debaixo de uma palmeira. Mas, antes de adormecer, pediu: "Alá, por favor, cuide de meu camelo enquanto eu vou dormir".

Horas depois, ao acordar, ele olhou para um lado, olhou para o outro, e nada do camelo. O animal havia sumido! O homem começou a gritar: "Alá, Alá, eu pedi para você cuidar do meu camelo e ele fugiu! O que vou fazer agora?". E Alá responde lá do céu: "As únicas mãos que eu tinha para amarrar esse camelo eram as suas".

Então, eu vou te dizer uma coisa: o mundo pode fazer tudo, Deus pode fazer tudo, o Universo pode fazer tudo. Mas, se você não fizer o papel das mãos que amarram o camelo, não vai funcionar. Por isso, vamos acabar com o piloto idiota. Faça a sua parte e troque este piloto!

VÍCIO	CONSEQUÊNCIAS
1. O vício de sentir-se necessário	Necessidade de controle, carência, inconveniência
2. O vício da esperança	Preguiça, passividade, mediocridade, dependência, procrastinação
3. O vício do insider	Cobiça, ganância, fofoca
4. O vício de encontrar culpados	Baixa autoestima, fragilidade emocional, vitimismo
5. O vício de ser notado	Carência, dependência, impertinência (quer chamar a atenção)
6. O vício de sempre ter razão	Vaidade, agressividade, arrogância

3

Mude o seu piloto automático

Eu sempre fui muito maduro para minha idade e trabalhei desde cedo. Mas, em 1998, aos 21 anos, é que considero que comecei a ser um homem, a levar uma vida adulta. Foi nesta época que eu criei o meu primeiro piloto automático, que durou até 2008. Dez anos em que eu acatava tudo o que vinha em minha vida. Embora neste período eu já trabalhasse em indústria e tivesse estudado – e muito – para me graduar em Química Industrial, com certeza vivi nessa fase o meu piloto número um. Isso porque eu simplesmente aceitei esta programação, a acatei.

Porém, em 2007, a vida me deu um tranco. Eu sofri um acidente e, infelizmente, como dizem por aí, *a dor nos ensina a gemer*. Assim, tive que questionar uma série de coisas. E hoje eu posso afirmar: este acidente foi o meu maior presente! A partir dele, consegui me dar conta dos meus vícios humanos. Percebi que, até aquele momento, eu tinha uma busca pela aceitação. Ou seja, era viciado em ser notado. Também tinha outro vício: o de ter sempre razão.

Aquele Bruno de 1998 a 2008 era uma vítima. O meu clube da idiotice era em várias áreas. Nos relacionamentos, não parava com namorada alguma, não era feliz. Não é porque fosse mulherengo, não. Eu simplesmente brigava com elas e as dispensava, ou achava um motivo para elas me dispensarem. Nas finanças, não parava dinheiro na minha mão. Eu tinha uma vida boa, mas não guardava nada. E eu pertencia ao clube da idiotice mais sério de todos: na saúde. A minha saúde era muito ruim. Por quê? Porque eu tinha o paradigma da vítima!

Isso acontecia porque o meu piloto automático funcionava, como já mencionei, no vício de ser notado e no de ter razão. O meu inconsciente – olha que loucura – criava possibilidades para que eu sempre atraísse esses problemas. Afinal, como é que eu chamaria a atenção das pessoas? Fazendo-me de vítima: "Ai, coitado do Bruno...". Nesta fase, quando eu trabalhava na indústria, a minha carência e a minha vitimização eram tão grandes, que para ser notado eu trabalhava cinco vezes mais, só para mostrar que era indispensável (olha outro vício aí: o de sentir-se necessário). Eu vivia estressado! Ou seja, o meu piloto automático estava acabando comigo. E ainda tem mais: quando bati o carro e o seguro não me pagou, ainda desenvolvi o vício de encontrar culpados: "Meu Deus, a culpa é da seguradora". Não quero dizer que a culpa não fosse da seguradora, o que quero dizer é que eu atraía coisas para colocar a culpa.

O fato é que, de 1998 a 2008, meu primeiro piloto automático não estava servindo. A minha renda mensal, vamos supor, variava de "x" a "3x". O meu patrimônio era de "0,5x" – simplesmente, não tinha nada de patrimônio. Eu não era eu! E te pergunto: você é você? Você é tudo o que pode ser? Ou você é o que está dando para ser? Naquela época, eu era apenas o que estava dando para ser. E ainda tem um detalhe: despertei para a espiritualidade em 2005. Então, mesmo nos três primeiros anos deste despertar, ainda mantinha esse piloto em minha vida. Era realmente complicado e angustiante. Não dava mais!

Até que, de 2008 em diante, entrou em cena o meu segundo piloto automático. Qual é a diferença entre o primeiro e o segundo piloto? Este eu escolhi ser! Eu não aprendi como você está fazendo agora neste livro. Aprendi na dor. Tenho cicatrizes no corpo por conta disso. Só mudei por causa de um acidente. Ao fazer um paralelo entre os dois pilotos, o primeiro era "Eu acatei". Você pode até dizer: "Ah, Bruno, você não acatou, não... Você não queria...". Não! Se isso estava no meu inconsciente, é porque, de alguma maneira, eu o priorizei sim, eu o mereci. Já o segundo piloto eu escolhi! No primeiro piloto, em que eu era cheio de vícios humanos, se o meu pai não aceitasse o que eu queria fazer, se a minha mãe não aceitasse, se a sociedade não aceitasse, eu parava. No segundo piloto, quando eu tenho planos de realizar algo e penso nos outros, vem à minha cabeça: "Ah, que bom que vocês gostaram! Mas, se não gostaram, vou fazer mesmo assim. Vocês que vão para a terapia!". Assim, me livrei do vício da aceitação.

Entenda melhor, no quadro a seguir, como funcionava o meu antigo piloto automático e o atual:

PARALELO ENTRE OS MEUS DOIS PILOTOS

PRIMEIRO PILOTO	SEGUNDO PILOTO
Aqui, eu era o que dava para ser.	Agora, estou no caminho de ser tudo o que nasci para ser.
O que eu desejava era estabilidade, segurança. Queria que o mundo parasse e eu seguisse assim. Já tinha meu emprego e estava satisfeito. Ambição zero!	Aqui, tudo o que eu quero é liberdade, mesmo que eu pague com a falta de conforto por algum tempo, priorizando o foco e a dedicação em me aperfeiçoar todos os dias.
Imunidade baixa. Eu vivia doente.	Imunidade alta. Dificilmente fico doente.
Finanças loucas, dinheiro escasso, sofrimento financeiro.	Livre financeiramente, abundante e com a prosperidade crescente.

Você acha que foi fácil? Essas características são difíceis de mudar... Mas a verdade é que o meu segundo piloto, hoje, é autor de mais de 25 livros – e seis deles já entraram na lista de mais vendidos da revista *Veja* – além de sócio de cinco empresas, sendo que o Grupo Luz da Serra é a 14ª melhor empresa para se trabalhar no Brasil, a primeira na Serra Gaúcha e a segunda no Rio Grande do Sul, segundo o ranking GPTW 2020. Tudo isso me gera renda e felicidade, porque ajudo o mundo. Hoje, tenho a vida dos sonhos. E sabe o que é o melhor? Eu quero mais! Sabe por que tudo isso? Porque eu escolhi esse piloto. Enquanto você não escolher o seu piloto, não tem jeito. E para aqueles que falarem "Nossa, já tem tudo isso e ainda quer mais...", eu vou escrever assim: **ganância é mortal; ambição é vital.** Qualquer que seja o seu piloto automático hoje, se ele não te ajudar a ter ambição, ele é ruim para você.

Então, se você seguir o meu método, vai ser outra pessoa. Daqui a uns dois ou três meses, vai me mandar uma mensagem dizendo: "Obrigado, Bruno, a minha vida mudou!". Eu garanto! "Você garante?" Garanto! Se você seguir o meu método, muda o seu piloto e muda a sua vida. "Bruno, você garante que eu vou construir uma casa?" É claro que não! "Você garante que eu vou ficar rico?" É claro que não! Isso vai depender de muitos fatores. Mas eu garanto que você vai olhar para a sua vida e, daqui a pouco tempo, vai falar: "Meu Deus, eu não imaginava que fosse assim!".

OS PRINCIPAIS MEDOS DA HUMANIDADE

A partir da minha história, me diga: você está pronto para fazer aquilo que precisa ser feito para mudar sua vida? Esse é o ponto! É isso o que vou te ajudar a fazer neste livro. Mas, para chegarmos lá, você ainda precisa se deparar com algumas questões que podem estar travando o seu despertar. E uma delas é conhecer quais são os principais medos da humanidade. Além de Napoleon Hill, no livro *A Lei do Triunfo*, muitos outros autores falaram sobre esses medos. Todo ser humano os guarda consigo, é um registro ancestral. Vamos a eles:

MEDO DA POBREZA – Isso existe dentro de você. Em algumas pessoas há mais medo, em outras menos, e algumas até já conseguiram dominá-lo. Este medo também pode levar a outro: o medo da marginalidade.

MEDO DA CRÍTICA – Este é muito forte. A crítica consome as pessoas. Por isso, muita gente fala: "Ai, eu queria tanto fazer vídeo, mas não faço porque tenho vergonha...". Na verdade, não é bem este o motivo. É porque possuem um ego muito forte e não aguentam críticas. Mas, se você não dominar isso, não vai ser feliz. As pessoas vão te criticar, você querendo ou não. A raiz deste problema está no medo da rejeição, por conta do vício humano de ser aceito, de ser amado, de ser notado. Afinal, se você for rejeitado, fica de fora. Então, a melhor atitude a tomar é fazer o que você acredita, porque assim, pelo menos, vai ser criticado fazendo o que acredita. O problema é que as pessoas fazem o que os outros querem e aí são criticadas não sendo elas. Então, seja criticado sendo você.

MEDO DA DOENÇA – É um medo paralisante, e o pior é que está em nossas entranhas. Basta termos saúde para, no íntimo, ficarmos pensando que a qualquer hora ela pode acabar e surgir a tão temida doença.

MEDO DA VELHICE – Este é um clássico, não é mesmo? Este medo está totalmente relacionado ao medo da doença. Acreditamos que a velhice trará uma série de problemas e limitações para a nossa saúde, e isso nos amedronta.

MEDO DE NÃO PERTENCER – Muito comum na sociedade atual para que as pessoas se sintam protegidas, embora seja um registro ancestral. Na época do homem das cavernas, quem não pertencesse a um grupo acabava morrendo de fome ou por ataques de animais. Isso continua até hoje com torcidas de times, com os grupos de amigos nas escolas, com todo mundo que se junta em torno de algo. Até nas redes sociais tem isso. No fundo, trata-se de uma aprovação social. As pessoas adoram falar: "Nossa, eu sou Fitoenergética, eu sou um Iniciado, eu sou do clube...". Isso traz para elas a força de pertencer. Não pertencer é uma dor muito forte, porque a pessoa se sente desprezada, rejeitada. Voltando à época das cavernas, ser rejeitado pelo grupo significava a morte. Trazemos isso até hoje em nós.

MEDO DA MORTE – Este é um dos temores que mais assolam a humanidade. Quando eu venci o medo da morte, a minha vida mudou. Hoje, eu não tenho medo de morrer. Brinco que tenho medo da dor que eu vou sentir para morrer. Mas morrer? Já dominei esse temor. Compreendo que existe um outro lado, e eu confio nessa força.

MEDO DE PERDER O AMOR DE ALGUÉM – Este é um medo louco! Vamos pegar o exemplo de muitos pais. Alguns mimam e estragam os filhos por acharem que, ao dar limites, eles vão parar de gostar deles. Assim, acabam fazendo a coisa mais errada do mundo. Podemos fazer isso em várias relações, tomando atitudes equivocadas na esperança de não perder o amor de alguém. Este medo também tem a ver com o medo da rejeição.

MEDO DE SER IGNORADO – Mais um temor que está intimamente relacionado ao nosso medo de sermos rejeitados. Ninguém gosta de não ter um trabalho reconhecido, de chegar a um lugar e parecer que está invisível, de se sentir um zero à esquerda até mesmo dentro de casa, em família. Pode causar uma dor profunda.

MEDO DE PERDER TEMPO – Este não existia nos primórdios da humanidade. Na verdade, com a correria do dia a dia, é um medo bem recente. Atualmente, tem gente que está sofrendo por perder tempo. Por quê? Porque a perda de tempo se conecta com outro medo: o da morte.

MEDO DE NÃO SER BOM O BASTANTE – Este medo tem a ver com o vício humano de se sentir necessário. Afinal, se você não for bom o bastante nos mais variados aspectos (trabalho, vida familiar, relacionamento amoroso...), como é que as pessoas vão querer ter você por perto? E aí a relação de codependência – tão importante para quem tem esse vício – torna-se nula.

——

Para que conhecer esses medos? Para que você entenda que precisa, urgentemente, dominá-los! Se não fizer isso, eles é que vão dominar você. O seu piloto automático encontra-se carregado deles. Esses medos vão se somando ao piloto que está no seu cérebro, que recebe e acata todos eles. Mas é preciso romper este ciclo.

Eu fiz isso há alguns anos. Em 2016, quando terminei o *Espiritualidade na Prática* (programa que durou um ano, no qual fiz vídeos todos os dias sobre este tema), falei: "Ah, agora eu quero falar sobre prosperidade". E quando eu mudei o foco de meus vídeos, falando o que eu queria, o que eu sentia que era necessário, muitos me destruíram na crítica. Meu público, na época, ficou chateado comigo e parou de me assistir. Afinal, eu só falava de espiritualidade e comecei a falar de prosperidade, porque isso veio para mim como um chamado. E, olha, quando chegou esse chamado da minha alma para eu fazer este trabalho, eu senti os medos de ser ignorado, de ser criticado e até mesmo de perder o amor de alguém (as pessoas que me assistiam). Também fiquei travado no vício humano de ter razão, de ser notado, de me sentir necessário. Eu parei de me sentir necessário, porque as pessoas começaram a me rejeitar.

Diante daquele monte de críticas, eu achei que não era bom o bastante. Isso porque comecei a ser ignorado e a perder o amor dos meus fãs. Só que isso durou apenas dois meses. Nesse período, mergulhei num alto nível de chateação e tristeza. Até que reagi e falei para mim mesmo: "Quer saber de uma coisa? Eu vou fazer aquilo que a minha alma chama!". Foi o meu grito de guerra. Eu disse: "Não, eu não vou aceitar o piloto automático". Eu já havia decidido mudar o meu piloto automático em 2008 e não ia aceitar novamente o que o meu piloto estava me mandando fazer em 2016. Não! Mais uma vez, eu mandei no meu piloto!

Preste atenção e responda: **o seu piloto pilota você ou você é que pilota o seu piloto?** Como já mencionei, todo mundo tem um piloto automático. Assim, sabendo que ele existe, podemos criar o nosso piloto! Hoje, o seu piloto automático faz você ou você é quem o faz? Vou usar um exemplo bem simples. Imagine você falando com o seu cachorro: "Vem, vem! Dá a patinha! Só dou biscoito depois que você der a patinha. Agora deita, rola! Ah, bom menino, está aqui o seu biscoito". O seu piloto automático faz isso com você? Ele fala: "Não, não enfrente a sua sogra, não enfrente o seu genro...", "Não, não vá viver os seus sonhos...", "Não, você tem que ser aceito por sua família...", "Não, não vá atrapalhar a tradição da família...", "Não, não vá entristecer seus pais...", "Não, não faça isso, o que é que os outros vão pensar?". Então, quando o piloto age assim, ele manda em você. Mas quando você questiona o piloto, você manda nele.

Escrever sobre isso me dá, ao mesmo tempo, felicidade e tristeza. Felicidade porque talvez metade dos leitores deste livro vão trocar o piloto. Tristeza porque a outra metade só vai ler tudo isso, achar legal e não vai fazer nada para mudar. A verdade é que eu sofri bastante até aprender um jeito de mudar. O bom é que você, se seguir tudo o que estou apresentando aqui, não vai precisar sofrer.

Portanto, questione-se sempre se você está agindo igual a um cachorrinho. Certa vez, recebi uma mensagem de uma pessoa falando: "Quando eu tenho que ir ao Centro da cidade, vou a pé, porque, embora meu marido tenha carro, eu não uso porque tenho medo de dirigir". Medo de dirigir é você mandando no seu piloto automático, o programando, ou é você acatando o que ele quer que você faça? Fique atento a isso e se coloque no comando.

Se você não entender os segredos da reprogramação mental profunda, vai ser o cachorrinho do seu piloto. Vai ser o adestradinho: "Sim, não, pois não...". Na verdade, você já é, mas agora sabe que pode mudar. Eu, hoje, tenho a vida dos meus sonhos. Mas, recentemente, comecei a fazer reprogramação até para perder peso. Inclusive, estou feliz, porque, enquanto estava escrevendo este livro, já tinha eliminado seis quilos e, com certeza, quando você o estiver lendo, já terei eliminado mais. Lembre-se: assim como aparar unhas, sempre temos que aparar as arestas do nosso piloto automático. Eu pensei: "Poxa, se já fiz reprogramação mental para tudo, agora está na hora de mudar o piloto do emagrecimento". E mudei mesmo! Então, se você tem medo de agir, se tem medo de alterar o seu piloto, precisa ter em mente que é possível fazer isso.

Não alimente esses medos!

4

As emoções manipulativas

As questões que podem te atrapalhar não param por aí. Existe outro elemento que você aceita que seja adicionado ao seu piloto automático: as emoções manipulativas. Elas são capazes de te fazer de escravo. Não é brincadeira! Vou dar um exemplo. Eu estava dando uma palestra numa cidade do interior do Rio Grande do Sul. Uma mulher, que já era minha aluna e da Patrícia Cândido, relatou: "Bruno, mesmo fazendo todos os cursos de vocês, tive que colocar no meu restaurante uma televisão passando noticiário na hora do almoço, porque minha clientela caiu. Eles querem ver TV...". E por que as pessoas queriam assistir às notícias? Por causa das emoções manipulativas! Quando você escuta algo que contém uma emoção manipulativa, isso capta a sua atenção de uma forma irracional e até inconsciente, porque você tem um gatilho mental. É aquela parte do seu cérebro que reage à emoção.

Essas emoções manipulativas estão em tudo. E as marcas e a mídia entendem muito bem delas. A primeira emoção básica é o medo. A segunda é a raiva. Então, quando você está assistindo a um filme ou a um noticiário, vai ter momentos de medo, justamente para te prender emocionalmente – não é racional. Se você vir algo que faça você se sentir injustiçado, vai sentir raiva. E o que essas duas emoções geram nas pessoas? O medo traz para nós aflição, apreensão, ameaça, recuo, encolhimento, covardia, paralisia. O medo gera isso nas pessoas. Já a raiva conduz à irritação, ao pavio curto, à falta de paciência e à agressividade.

Existe também a emoção básica da surpresa. Filmes de terror e de comédia, por exemplo, trazem muito isso. A surpresa é uma inversão da expectativa. O que ela gera? Um efeito chamado *twist*: o cérebro não esperava por aquilo e é como se tomasse uma espécie de choque. É uma emoção bem fácil de ser despertada, mas não acontece toda hora. A surpresa pode trazer riso, mas também pode ter como consequência o choro, o trauma. Afinal, uma notícia ruim pode chegar à sua vida inesperadamente, como uma surpresa. Mais uma vez acontece um *twist* emocional. Outra emoção manipulativa é a repulsa. E o que ela gera? Nojo, polêmica, indignação, revolta e até mesmo a sensação de não se sentir digno.

A maioria das emoções manipulativas são negativas. Porém, algumas podem ser saudáveis e positivas, como a alegria e o afeto. A alegria nos traz riso, diversão, amor. Já o afeto gera conexão, empatia. E essas duas emoções seriam manipulação? Para grandes mídias e para filmes, elas podem, sim, ser usadas deliberadamente. Você já deve ter visto várias entrevistas em que se conectou a um entrevistado pelo afeto, pela empatia. Só que nem todo mundo consegue isso. Pessoas de coração inflexível, endurecido, não vão atingir essa conexão.

Para você entender a importância dessas emoções em sua vida, vamos voltar ao conteúdo de algumas páginas atrás. O tempo inteiro, fatos provocam uma emoção. Essa emoção ativa um receptor, que por sua vez leva ao vício humano. Vale destacar que os fatos surgem na TV, nos jornais, nas revistas, nas séries, nos filmes, que conhecem muito bem as emoções manipulativas. Vamos tomar como exemplo um jogo de futebol. O que é que tem lá? Além do medo de não pertencer (que acontece nas torcidas), o futebol tem raiva – do juiz, do time adversário... –, alegria do gol, repulsa e indignação quando o técnico tira o jogador de que você gosta, indignação quando aquele jogador que ganha milhões ao ano joga mal... As novelas e séries também despertam várias emoções manipulativas em nós. *Game of Thrones* que o diga!

Isso tudo é para mostrar como essas emoções também acionam, em nosso cérebro, o piloto automático. E você precisa mandar nele – não ele em você. Você é que vai escolher o programa que vai assistir. Você é que vai decidir qual velocidade programar na sua esteira ergométrica. Você é que vai escolher o tempo e a temperatura da sua *airfryer*, do seu micro-ondas, da sua máquina de fazer pão... Você é que vai escolher o programa que quer! Não deixe que ninguém manipule suas emoções. Seja natural, seja o que você realmente é.

EMOÇÕES MANIPULATIVAS X CONSEQUÊNCIAS

MEDO

GERA: Aflição, apreensão, ameaça, recuo, encolhimento, covardia, paralisia

SURPRESA

GERA: *Twist* emocional, que pode ser positivo ou negativo, gerando riso, choro, trauma

RAIVA

GERA: Irritação, pavio curto, impaciência, agressividade

ALEGRIA

GERA: Riso, diversão, amor

REPULSA

GERA: Nojo, polêmica, indignação, revolta e até mesmo a sensação de não se sentir digno

AFETO

GERA: Conexão, empatia

CAVALEIROS MORTAIS E VENENOS DA MENTE

Se não bastasse isso, o ser humano ainda tem seus cavaleiros mortais, conforme nos ensina Napoleon Hill. Por que cavaleiros mortais? Porque eles nos colocam no caminho da destruição. É o famoso "vai matar ou vai morrer". Veja quais são eles:

- **Intolerância**
- **Vingança**
- **Suspeita**
- **Ganância** (conquistar o que quer passando os outros para trás – lembra que ganância é mortal, ambição é vital? Não confunda as duas!)
- **Egoísmo** (só pensar em você, ao contrário do altruísmo consciente, em que você pensa em você e nos outros)
- **Ciúmes**
- **Inveja**
- **Vergonha** ("Ah, eu tenho vergonha do que os outros vão pensar...", deixando, assim, de ser você mesmo)

Para piorar, segundo o Budismo, ainda existem três venenos da mente:

1. A IGNORÂNCIA

Este é o mal da humanidade. Saiba que há ignorância em tudo o que você faz – mais um motivo para abandonar o vício humano de querer sempre ter razão. A ignorância nos soterra no piloto automático da ilusão e do idiota. Diante de um fato, precisamos saber não apenas as informações. É importante identificar as transformações trazidas, as diferentes versões, quem ocasionou o fato... Assim, você desperta e sobe o seu nível de energia.

2. O APEGO

Tudo aquilo a que você é apegado te domina. Por isso, é necessário aprender a cultivar a impermanência. Valorizar as coisas, agradecer, mas saber que tudo é impermanente. O que as pessoas não aprenderam é se despedir dos amigos antes de eles irem embora, se despedir dos objetos antes de irem embora. Por exemplo, eu costumo falar: "Nossa, meu carro é incrível, amo meu carro. Mas é só um carro! É o que Deus está me dando agora, é o que está na mão". Isso porque as coisas são impermanentes. Cultivar e entender a impermanência é um ato de desapego. E o desapego é uma das coisas que salvam a vida da gente.

3. A AVERSÃO

Aversão é a crítica, é a rejeição, é você estar fechado aos outros. "Ah, eu não suporto esses católicos...", "Ah, eu não suporto esses espíritas...", "Ah, eu não suporto palmeirense...". Isso é aversão. É não querer ver o lado do outro. Você não está aberto para tentar entender, não compreende a diversidade.

OS VÍCIOS DE RELACIONAMENTO

Para continuarmos com a chuva de destruição que o seu cérebro pode comandar, vou falar sobre um conceito mencionado por James Redfield, no livro A *Profecia Celestina*, no qual ele abriu os olhos do mundo para um estudo que fez sobre os vícios ligados aos relacionamentos. Eles podem acontecer com uma criança que está sofrendo um problema familiar, com uma esposa ou um marido que está padecendo com um cônjuge muito ciumento, enfim, com os mais diversos tipos de relação!

Vale lembrar que tudo surge por conta de um único fator: a energia. Os vícios de relacionamento ocorrem quando a sua fonte de energia vira o outro, quando você vai buscar no outro aquilo que não tem em si. Quando você vai buscar no outro o que falta em você, torna-se infeliz e, em geral, tem baixa autoestima. Eu já passei por isso. E qual foi a minha grande virada? Quando eu comecei a estudar sobre espiritualidade, consciência, mente e energia, parei de buscar algo no outro e comecei a buscar em mim. Quando você busca no outro, nenhum relacionamento dá certo. Se você é uma pessoa carente e quer alguém para acabar com a sua carência, nunca vai ser feliz. Ou vai entrar num relacionamento ruim, ou vai ficar sempre solteiro. E se é uma pessoa que morre de medo de que os outros a larguem ou que morram, vai sempre atrair gente que a abandonará ou mesmo que vá morrer logo. Não adianta... Nos vícios de relacionamento, sempre se atrai mais do mesmo.

Segundo Redfield, nós seguimos alguns padrões nos vícios de relacionamento:

PADRÃO DE VÍTIMA

Eu nem preciso lembrar a você que este era o meu padrão quando eu tinha o primeiro piloto automático. Olha que louco! O que você precisa entender é que, quando a pessoa é carente, o único jeito de ela chamar atenção é sendo vítima. Então, normalmente, a vítima surge em uma criança que não tem o amor ou o apoio dos pais. Ela começa a ficar doente, a se lamentar, para poder chamar a atenção dos pais. O piloto automático dela acata escolher viver na dor, na tristeza. "Olha o que fizeram comigo", "Olha como eu me machuquei".

Eu sou o terceiro filho. Quando cheguei, a minha mãe já tinha meus irmãos, o Gustavo e a Paula, e não queria mais filhos. Eu não fui planejado. Então, me tornei vítima. E o que a vítima faz? Eu estava sempre doente! É um mecanismo da vítima, que leva isso para a vida toda. Depois, a vítima começa a namorar e retoma o padrão, fazendo a mesma coisa com a namorada. "Ai, você nem liga pra mim...", "Nossa, você me abandonou aqui...", "Puxa, ontem eu fiquei sozinho...".

Tem mais um detalhe: eu fico bem atento com amigos e funcionários que têm comportamento de vítimas. Isso porque, em algum momento, eles vão te culpar por algo que não está bom na vida deles. Eu fico muito de olho. Já tive um grande amigo, um grande parceiro, mas que sempre se fazia de vítima! Desde o começo percebi que, uma hora, eu ia virar o algoz dele. Afinal, a vítima sempre acha um culpado. Por exemplo, ela vai te culpar dizendo que você acabou com a vida dela. Ou uma mulher pode culpar o marido: "Ele me engordou porque me deu dois filhos". Nessa hora, esquece que ela quis engravidar. Já o marido vítima é capaz de falar: "Ela sugou de canudinho até o meu último real e depois me abandonou". Vai haver sempre algo a ser inventado e isso pode se estender por uma vida toda.

PADRÃO DO INTERROGADOR

O interrogador também é carente. Só que ele desenvolveu um outro método de atrair a atenção, de atrair a energia. E o que ele faz? Fica fazendo perguntas! "Mãe, por que você faz isso?", "Pai, por que você fez aquilo?". É como a fase dos porquês que toda criança passa, só que, em quem tem o padrão do interrogador, isso nunca termina. Repare que no seu trabalho ou em algum outro campo de sua vida sempre tem aquela pessoa que fica sempre questionando, questionando, questionando. O interrogador pergunta muito pelo fato de o cérebro não resistir a uma pergunta. E, quando você faz uma pergunta, ganha a atenção.

Quer saber quais são as pessoas que mais te cansam? São as que fazem muitas perguntas, uma atrás da outra. Você nem terminou de responder e elas já perguntam de novo, e isso acaba te confundindo. Porque o cérebro, automaticamente, quer responder à pergunta. Mas se, quando vai responder, a pessoa lança outro questionamento, você fica cansado, a ponto de pedir: "Para, para, para!".

Pessoas que fazem muitas perguntas, em geral, estão passando toda a ansiedade delas para você. Ela quer mandar em você. E você, quer mandar na pessoa que tem este padrão? Entupa-a de perguntas! Quer mais uma dica? Se ela for muito negativa, faça para ela perguntas que vão gerar respostas positivas: "Se o mundo fosse maravilhoso, como ele seria?", "Se você pudesse voar, qual seria o primeiro lugar para onde voaria?", "Quanto você acha que seria um dinheiro bom para você ter e nunca mais precisar trabalhar?". Faça perguntas que conduzam a pessoa positivamente. Quem pergunta corretamente domina o mundo.

PADRÃO DO INTIMIDADOR

O intimidador mete medo. Ele quer que você fique amedrontado para se sentir mais forte. Na presença do seu medo, ele te suga. Exemplos: "Não vá brincar na rua! Você não viu que agora crianças estão sendo sequestradas em plena luz do dia?", "Ei, melhor você não comprar essa marca porque tem uma substância sintética que envenena os corações", "Meu Deus, você comeu óleo de cozinha? Vai te matar em três dias", "Viajar de noite? Tá louco! É muito perigoso". Enfim, quem age assim quer te meter medo. Mais uma vez, ela não está sabendo buscar energia no lugar certo e vai buscar em você.

UM MANTRA LIBERTADOR

Nos vícios de relacionamento, em geral, você quer que o outro mude para você se sentir feliz. Você se torna um controlador de pessoas. "Ai, você tem quer dormir mais comigo porque eu sou carente..." Ora, vá cuidar dessa carência! "Ai, você está trabalhando muito e nem me dá atenção..." Vá procurar algo para fazer! "Ai, você nem me elogia..." Ué, mas nem você se elogia, como é que quer que o outro te elogie? Chega!

Para se libertar disso, fale sempre o mantra da liberdade emocional, que está no livro *Evolução Espiritual na Prática*. É o seguinte: **Eu não sou responsável pela felicidade de ninguém e ninguém é responsável pela minha felicidade.** Repita esta frase o tempo inteiro! Com esse mantra, você acaba ajudando não só a si mesmo, mas também outras pessoas.

Toda vez que você começar com "Você é a minha cara-metade...", "Você é a tampa da minha panela...", "Você me complementa", "Sozinho eu já sou bom, com você eu sou melhor", "Sem você eu não sou ninguém", saiba que está sendo o obsessor vivo daquela pessoa que você diz que não viveria sem. Vou repetir. "Sem meu neto eu não sou ninguém." Você é o obsessor do seu neto. "Sem meu filho eu não sou ninguém." Você é obsessor de seu filho. "Sem o meu namorado eu não sou ninguém." Você é o obsessor do seu namorado. Lembre-se sempre: você se torna o obsessor vivo da pessoa que diz que não vive sem!

Está na hora de começar a trocar esse piloto. Esse negócio de cara-metade não existe. Não tem essa história de "deixa eu te fazer feliz". Só a própria pessoa pode se fazer feliz! Você vai se matar com o vício humano da esperança, com a esperança de que o outro vai mudar. Não vai! Só muda se ele quiser. "Deixa eu te incentivar a ser tão feliz como eu sou." Aceito. "Deixa eu te mostrar o caminho que me fez feliz, quem sabe funciona para você." Aceito.

A questão é a seguinte: quem governa você? Quem governa a sua vida? Olha, em torno de você, existe o seu campo de energia, o seu campo de consciência, a sua aura. O que incide sobre a sua aura? Os cavaleiros mortais, os venenos da mente, os vícios da humanidade, os vícios de relacionamento, as emoções manipulativas, os medos humanos... Veja quanto lixo! Vou perguntar de novo: quem governa sua vida? É você ou é esse lixo todo?

Vou te falar uma coisa que pode doer: você é pura memória negativa. E se não curar esta memória, sua vida não vai andar para frente. Imagine que sua vida é um papel em branco e, para cada acontecimento que você vive, é feito um carimbo nesta folha. Morte do seu pai, carimbo; dia em que seu namorado te largou, carimbo; dia em que seu sócio te passou para trás: carimbo; dia em que você sofreu aquela desilusão, carimbo; dia em que seu filho falou que ia sair de casa e brigou com você, carimbo. Entendeu? Esses carimbos são memórias. Simplesmente, memórias.

Como já disse anteriormente, memória traz mais do mesmo. Então, se você tem memória de decepção, de medo, de tristeza, de ansiedade, vai ter novas memórias disso. Só desgraça... Aí eu pergunto novamente para você: quem manda na sua vida? Que piloto automático está mandando em você? Quais são as suas programações para família, dinheiro, saúde, autoestima, confiança, fé? Você é do clube do idiota ou do clube da positividade? Pergunte-se sempre!

Avalie como o seu programa atual – o seu piloto – está funcionando para você ter a vida com que sempre sonhou. Em outras palavras, está te dando a vida que você nasceu para ser? Ou está te dando a vida que dá para ser? Se o programa atual, o seu piloto, está funcionando maravilhosamente bem e você não está no clube da idiotice em nada, esqueça o que estou escrevendo e vá seguir o seu caminho! Mas jamais se esqueça: a programação do seu piloto é igual a banho. Todo dia, tá?

QUEM GOVERNA VOCÊ AFINAL?

- VÍCIOS DA HUMANIDADE
- VÍCIOS DE RELACIONAMENTOS
- EMOÇÕES MANIPULATIVAS
- CAVALEIROS MORTAIS
- VENENOS DA MENTE
- MEDOS HUMANOS

Não venha me dizer que reprogramação mental é fácil. Não é fácil! Até com as ferramentas mais avançadas, não é fácil. Não é um áudio, não é um vídeo, não é um dia. Não é! Você pode até ter melhoras. Mas reprogramação mental é para a vida inteira. Por exemplo, enquanto escrevo este livro, estou tendo que fazer uma nova programação no meu piloto. Isso porque machuquei meu joelho e precisei passar por uma cirurgia de reconstrução do ligamento cruzado e sutura de menisco. Estou na fase de fazer fisioterapia; já tirei as muletas recentemente e não está sendo nada gostoso. Mas já comecei a me reprogramar, dizendo: "Eu assumo para mim mesmo que os próximos seis a nove meses vão ser os melhores da minha vida".

Eu pus na minha cabeça que o que está me acontecendo é a melhor coisa do mundo. E que vai me acontecer algo bom. Aliás, já está acontecendo: se não fosse eu machucar o joelho, talvez eu não estivesse com tempo disponível para escrever este livro. Entenda: você é que assume o comando do seu piloto. E tudo começa na sua cabeça.

> Para te ajudar nesta tarefa, finalizo este capítulo com o nosso primeiro exercício. Ele faz parte de um programa chamado *Clube da Positividade*, com 52 práticas que criei durante a pandemia, o qual considero o mais revolucionário para quebrar o piloto automático velho – aquele que você acatou – e criar um piloto automático novo – aquele que você escolheu. Escolhi alguns dos programas do Clube da Positividade para mostrar neste livro.

PRIMEIRA PRÁTICA PARA CRIAR UM NOVO PILOTO

A seguir consta uma prática que é uma derivação do Aura Master, a qual eu chamo de Afirmações Código Aura Master (ACAM). Em geral, é feita apenas para você ouvir, a partir de nossas gravações, sem nem precisar fechar os olhos (só se quiser). Ela costuma trazer um crescimento meteórico! Mas você também pode optar por gravá-la para depois ouvi-la ou, neste caso, pode seguir o passo a passo por meio da leitura. Vamos lá:

1. Respire fundo por três vezes. Quando você inspira, a sua barriga cresce. E quando você expira, a barriga murcha e vai bem para dentro, a ponto de suas costelas subirem.

2. Esfregue uma mão na outra e coloque-as em concha sobre o couro cabeludo. Deixe as mãos assim, suavemente, por aproximadamente 30 segundos. Enquanto faz isso, repita em voz audível ou mentalmente: *"Eu convoco toda a energia vital a que eu tenho direito"*.

3. Novamente esfregue uma mão na outra e, com as mãos em concha, coloque a direita na base da nuca e a esquerda na testa. Mantenha as duas mãos nessa posição por uns 30 segundos. Enquanto fica assim, repita: "Estou vivo e agradeço a toda força da vida que há em mim".

4. Descanse as duas mãos sobre o peito, uma apoiada um pouco acima e a outra, um pouco mais abaixo. Repita: "Estou bem, estamos bem, tudo em mim está bem. Eu, meu corpo e minha consciência aceitamos essa luz".

5. Coloque as mãos sobre as coxas e repita:

"Eu estou amando profundamente minha jornada de evolução e crescimento. Eu estou aprendendo tudo cada vez mais rápido. A sabedoria da matriz divina em mim está trabalhando livremente para o meu crescimento. Eu tenho curtido ao máximo o meu processo de crescimento. Eu sinto que a sabedoria em mim aumenta com grande velocidade. Tenho me apaixonado pela minha jornada, e isso tem me trazido mais saúde e consciência. É um presente de descobertas e realizações. Eu estou no caminho. Eu estou leve e equilibrado. Estou cheio de coragem. A força

da matriz divina em mim alimenta todos os níveis e dimensões da minha consciência, com confiança e disposição. Eu tenho blindado a minha confiança dia após dia, com alegria e disciplina. Eu tenho enfraquecido o perfeccionismo. Eu tenho fortalecido a minha ação. Tenho experimentado um profundo estado de amor por meus negócios, projetos e desafios. E isso tem me colocado, cada vez mais, em estado de abertura e merecimento da prosperidade exponencial. Tenho me sentido cada vez mais abençoado por ter a oportunidade de me expressar e prosperar cada vez mais. Eu me sinto cada vez mais abençoado pelos caminhos que se abrem, pelas amizades que faço, pelas vitórias que tenho. Todos os dias, a todo momento, eu estou orgulhoso do meu sucesso. Estou orgulhoso de minhas vitórias. Eu estou feliz e realizado, por me sentir abraçado por tanta abundância. Meu crescimento tem sido meteórico. E eu me abro para mais crescimento. Minha prosperidade tem crescido rápido. E eu me abro para mais prosperidade. A gratidão que sinto por minha vida tem se expandido. E eu me abro para mais gratidão. Eu me sinto abençoado. Eu sou abençoado por fazer o que gosto. Minha compreensão pela vida tem aumentado mais e mais a cada dia. Eu estou cercado de pessoas que me entendem e contribuem com o meu crescimento. Eu devolvo essa compreensão e essa contribuição num fluxo perfeito de evolução para o bem. Eu estou tranquilo e calmo com o meu sucesso. Eu estou tranquilo e calmo com toda a velocidade dessa mudança. A matriz divina em mim ativa todos os níveis e dimensões, e toda a sabedoria necessária para viver em plenitude com essa abundância. Eu desvio das críticas; eu as respeito, com a natureza da vida. Críticas são apenas críticas. Eu estou apto a seguir em equilíbrio. Eu estou firme e calmo no meu caminho. Eu tenho encontrado equilíbrio no meu estilo de vida. E todos os dias eu aprendo mais, me divirto mais e aproveito o melhor que a vida pode oferecer. Assim, meu foco no que é importante aumenta. Eu faço o meu caminho pleno de alegria, prosperidade e significado."

6. Coloque suas mãos sobre o peito. Uma mão um pouco acima; e a outra, abaixo. Repita: "Sou grato. Estou grato ao meu corpo, à minha consciência. Sou grato a todos os níveis e dimensões da vida. Sou grato a todos os níveis e dimensões da minha consciência. Sou grato a todos os níveis e dimensões do meu corpo. Está feito. Luz."

5

Qual é a sua missão de vida?

Você se lembra, lá no capítulo 1, das mãos que amarram o camelo? Pergunto a você: quais são as mãos que vão amarrar o seu camelo? Embora eu esteja compartilhando aqui um conteúdo transformador, pode ter certeza de que não serão as minhas. Isso porque não vai adiantar eu ficar te passando todo esse conhecimento se você não fizer a sua parte. É você quem tem que amarrar o seu camelo! E uma das formas de você fazer isso é descobrindo qual é a sua missão de vida. Dessa forma, seu camelo não foge e a sua vida deslancha.

Quando eu pergunto às pessoas qual é a missão de vida delas, escuto afirmações como: "Minha missão é curar", "Minha missão é prosperar e ajudar", "Minha missão é a comunicação", "Minha missão é ensinar os outros". Não! Não é nada disso... A sua verdadeira missão não está focada nos outros, e sim em você mesmo. Para falarmos sobre missão de vida, você precisa entender que ela está sustentada por três pilares.

Primeiro pilar: Curar suas emoções negativas

Eu poderia usar o termo "domar", em vez de "curar". Isso porque raramente conseguimos curar nossas emoções negativas. Mas domar é possível sim! Você veio para esta vida com o intuito de domar emoções, como mágoa, tristeza, raiva, ansiedade, sentir-se inferiorizado, desprezado, injustiçado, isolado... Esta é a sua verdadeira missão!

Mas aí você me fala: "Eu achei que a minha missão de vida era ser feliz...". Sim, é! Só que, para você ser feliz, tem que curar suas emoções inferiores. Contudo, alguns *coaches* e gurus americanos não querem que você entenda isso. Preferem que você permaneça nos vícios e no ego de achar que a sua missão é impactar as pessoas, é mudar o mundo. Não! **A sua missão é anular o idiota interior.** A sua missão é domar as suas emoções negativas. É ter menos raiva, menos arrogância, menos medo, menos mágoa, menos tristeza, menos ansiedade, menos orgulho, menos vaidade. Vaidade zero é ruim? Claro que é. Deus o livre de ser uma pessoa sem vaidade alguma ou sem algum mínimo traço das emoções listadas. A missão de cada um na Terra é melhorar suas emoções, e não eliminá-las.

Talvez agora você esteja pensando: "Não gostei, Bruno! Não é isso o que eu queria, porque sempre escutei que a minha missão é impactar pessoas, ajudar o outro". De fato, isso acontece muito quando vamos ao Instagram e vemos o perfil de algumas pessoas: "A minha missão é ajudar empresários a prosperar", "A minha missão é ajudar mães solteiras a não sei o quê", "A minha missão é ajudar homens a...". Isso não é a sua missão! Pare de mentir! A sua missão é com a sua alma, com a sua essência, com a sua consciência. Você encaixou a sua essência em um corpo para ter missão com o outro? Isso não faz sentido. A sua missão é depurar o seu ego.

Para compreender melhor tudo isso, eu quero apresentar a você os gatilhos. Esse é um conceito da psicoterapia reencarnacionista de Mauro Kwitko, que eu adoro. O que são gatilhos? São situações aparentemente negativas que afloram as emoções que você veio curar. Lembre-se de que fatos disparam emoções que geram receptores, resultando no ciclo que leva ao piloto automático. Você já reparou que existem pessoas que sempre ficam falando sobre quem fez mal a elas? Ou que comentam o tempo todo sobre a negatividade do mundo? Ou que são viciadas em emoções negativas? Ou que costumam reagir desproporcionalmente? Dá para fazer uma lista de gente assim, não é mesmo? Mas elas simplesmente colocam para fora seus gatilhos: as situações aparentemente negativas que afloram o que elas vieram curar.

Quando é que você tem gatilhos disparados? "Quando o meu marido fala assim comigo eu fico uma fera." Não, não é seu marido. É a memória que dispara o gatilho. "Estou de novo com essa dívida?". A culpa não é do banco. A sua memória é que disparou o gatilho. As memórias fazem isso porque você não as limpou, curou, purificou. Por isso é que é importante identificar o momento em que surge o gatilho, para desprogramar isso.

Todos nós temos um gatilho, que nada mais é do que o registro ou uma memória emocional instalada em sua aura. E o que ele faz? Prepare-se para uma verdade que você pode não gostar: **o gatilho está onde você mais odeia**. Então, se você tem muito medo de que algo aconteça, vai atrair situações para aquilo acontecer. Se você tem muito medo de perder, vai atrair algo que vai te fazer perder.

Eu me lembro de um rapaz que trabalhava na prefeitura de uma cidade na Serra Gaúcha, que certa vez me disse: "Bruno, eu não aguento mais perder pessoas. Quando eu tinha 7 anos, meu pai morreu. Quando eu tinha 14 anos, minha mãe morreu. Quando eu tinha 16 anos, a minha vó que cuidava de mim morreu. E aí eu me casei com 21 anos e aos 24 tive um filho. Com 26 anos, minha esposa morreu de câncer. E agora, Bruno, eu me casei de novo e já estava há seis anos com essa mesma mulher. Adivinha o que aconteceu?". Logo falei: "Ela morreu!". Mas ele: "Não, Bruno, ela me largou". Pensei: "Ufa! Acho que essa daí sentiu o cheiro da morte". E então ele reclamou: "O que acontece que eu mato as pessoas?". E eu disse: "Você não mata as pessoas.

Você tem tanto medo de ficar sozinho, é tão carente, tão dependente, que em todos os seus relacionamentos atrai pessoas que mostram aquilo que você veio curar".

É por isso que tem pessoas que se lamentam por sempre atraírem relacionamentos problemáticos, outras que sempre se dão mal nos negócios e assim por diante. A vida sempre traz mais do mesmo! O gatilho mostra a sua vibração, o que você veio curar. **Repito: ele mostra o que você tem que curar.** Então, veja só: você é o tipo de pessoa que está com dificuldades na carreira, vive brigando com o companheiro, está chateado por causa de dinheiro ou por causa do seu corpo. E daí você vai para o seu Instagram e escreve: "A minha missão é impactar pessoas". Não há lógica! Isso só vai chegar para você quando atingir o terceiro pilar da missão de vida, que veremos mais adiante.

O que você precisa entender é que a sua missão vai aflorar quando você compreender e curar os seus gatilhos. Ao longo deste livro, o que estou fazendo? Estou te trazendo medos da humanidade, vícios da humanidade, emoções manipulativas, cavaleiros mortais... Todas as formas possíveis de mostrar a você o que veio curar. Então, **a sua missão é trocar o piloto automático.** É entender onde estão seus dramas de controle, seus vícios de relacionamento, seus vícios emocionais... Esta é a sua missão! A partir daí, você sobe de nível.

> **Mais uma vez, te digo: não venha com essa história de que a "minha missão é impactar pessoas".**
>
> **Não é! Isso é ser idiota.**
>
> **Sua missão é, prioritariamente, curar as suas inferioridades.**

Veja um exemplo: um homem está participando de um projeto social em algum país em situação de vulnerabilidade. Ajuda todo mundo e isso é muito lindo. Mas, quando ele volta para casa, briga com a mulher, não está feliz, vai dormir com raiva, está insatisfeito, não é quem queria ser. Ou seja: embora ele faça parte de um projeto legal, não está vivendo a missão dele. Portanto, não se iluda. A sua missão é ser uma pessoa melhor. Esta é a sua, a minha e a de todo mundo!

Outros exemplos: "A minha missão é ser médico", "A minha missão é ser advogado". Não, não é a sua missão! A sua missão é mudar o piloto automático. É curar o ego, a vaidade, os seus vícios humanos. Será que a sua missão é impactar pessoas ou equilibrar o vício humano de se sentir necessário? Será que a sua missão é ser advogado ou é curar o vício humano de achar culpados? Será que a sua missão é cuidar dos idosos ou é curar o vício humano de se sentir notado? Será que a sua missão é ser juiz ou é curar o vício de ter sempre razão? A sua missão é trocar o piloto que está aflorando essas emoções inferiores e vícios humanos. A partir daí, podemos partir para o segundo pilar.

Segundo pilar: Harmonizar-se com seres conflitantes

Quando, na busca de sua missão de vida, você inicialmente foca em se melhorar, acaba fazendo de tudo para também matar os vícios de relacionamento, deixando de ser vítima, interrogador e intimidador. E é a partir daí que é conduzido ao segundo pilar: harmonizar-se com seres conflitantes. Quem seriam eles? Pode ser alguém de sua família (pai, um tio, um irmão, o marido...) ou uma pessoa de seu convívio com quem você não tenha a menor afinidade. Pode haver entre vocês sérios conflitos e, até mesmo, uma relação de ódio.

Diante disso, sabe aquela briga que você tem sempre com a sua mãe? É a sua missão de vida. Sabe aquele chefe que você não suporta? É a sua missão de vida. Mas aí você tenta se defender: "Ah, mas ele me magoou...". Não! Você é magoável. "Ah, mas o que meu chefe fez foi uma injustiça."

Não! Você é vulnerável às injustiças. "Olha o que ele fez, acabou com a minha autoestima". Não! Você se permitiu, pegou a sua autoestima e deu para o outro. A verdade é que você é escravo das pessoas com as quais se importa demais.

Então, precisa entender que a vida é uma escola e a sala de aula são seus parentes e todas as pessoas com quem convive. Sua missão é se harmonizar com esses espíritos conflitantes: com pai, com filho, com primo, com chefe, com vizinho. E aí você vem se lamentar comigo: "Bruno, eu estou naquela empresa e não consigo sair de lá". É porque não entendeu que aquele conflito que tem com o chefe ou colega de trabalho é a sua própria missão. Porém, o que as pessoas fazem? Elas vão para os vícios de relacionamento, em que querem que o outro mude para só depois elas mudarem. Não mudam primeiro para o outro mudar. "Ah, mas ele é que tem que mudar...". Não! Você é que precisa se transformar, porque, quando faz isso, limpa o gatilho, limpa a memória.

A sua missão, portanto, é curar o conflito com o seu marido, com a sua sogra, com o seu chefe, com o seu funcionário. A sua missão é curar o conflito com as outras pessoas. Só que, em geral, você quer que o outro se cure para depois ficar bem. Mas preste muita atenção: **quando você começa a focar em você, em curar você, você muda o mundo.** Quando as pessoas não entendem o primeiro pilar da missão de vida (melhorar-se!), elas sobrecarregam os relacionamentos. Antigamente, eu fazia isso: a culpa era do outro, a culpa era do mundo. "Viu o que fizeram para mim?" – nunca era eu.

Sabe aquele castelo de terror que a sua vida se transformou? Parabéns, foi você quem o construiu. Sabe os problemas que te acontecem toda hora? São os gatilhos. São as memórias. Para você viver o segundo pilar de sua missão de vida, tem que se curar e parar de cobrar tanto do outro. É como Confúcio dizia: "Exija mais de ti e cobre menos do outro".

Terceiro pilar: Gerar bons exemplos

Ao pensar em missão de vida, a maioria das pessoas vai direto para esta, esquecendo-se das duas primeiras. É um tremendo equívoco, baseado nos vícios humanos de ser notado, de se sentir importante, de ter sempre razão. Assim não dá! Essa missão é *fake* se você olhar para ela em primeiro lugar. Então, qual é o segredo? Colocá-la em terceiro lugar! Anote: o terceiro pilar de sua missão de vida é gerar bons exemplos. Repare que não escrevi "impactar pessoas".

"Nossa, o Bruno faz palestras gratuitas de arrebentar". Bom exemplo. "O Bruno faz livros incríveis, ajuda causas...". Bom exemplo. Mas se eu apenas produzisse bons exemplos, estaria trabalhando o meu pilar número um? Não. Ou o pilar número dois? Não. Primeiro eu tive que me melhorar como ser humano e ajustar os meus relacionamentos, para então poder dar bons exemplos.

Porém, como costumo ser uma referência para muita gente, às vezes me deparo com o seguinte: "Bruno, estou procurando você porque eu não acho a minha missão de vida... E eu preciso descobrir a minha missão para que a minha vida tenha significado". Essa pessoa nunca vai ser feliz se continuar pensando dessa forma. Sabe qual é o nome disso? Eu vou colocar aqui em linguagem de programação: *fatal error*! Isso é uma mentira! Pare com isso! A explicação correta para isso é: preciso de algo para me preencher.

Quando eu respondo para a pessoa que me procurou que, para ela encontrar a missão de vida dela, primeiro vai ter que curar suas inferioridades, escuto: "Ah não, Bruno! Eu quero aquilo que alimente meu coração igual acontece com você. Te vejo tão feliz...". Pois é... Só que, em primeiro lugar, fiz isso: limpei minhas inferioridades. Eu vou te contar mais uma coisa que me aconteceu: em 2015, tive um câncer de pele. Meu piloto automático queria mandar em mim. Daí falei: "Vai praquele lugar, piloto! Eu é que mando". Assim, enquanto estava me recuperando, deitadinho fazendo compressas, com o olho parecendo que eu tinha tomado um soco do Mike Tyson, peguei um *post-it* e comecei, loucamente, a anotar as coisas que eu ia fazer: tirar três a quatro miniférias ao ano, limpar pequenas mágoas, fazer um novo jardim na minha casa, escrever mais sobre tal assunto, fazer mais aulas ao vivo de conteúdo completo, rezar mais para causas especiais em períodos específicos (como fiz há pouco tempo com o *corona love*[1]), ajudar mais em projetos sociais... Só de me lembrar disso eu chego a me arrepiar. Neste mês em que escrevo este livro, estourei meu orçamento ajudando causas sociais. Doei muito dinheiro. Delícia! Brilha, prosperidade! Mas não estou te contando isso para chamar a atenção ou para arrancar o seu elogio, e sim para te inspirar.

Quando me vi doente, tratei de aparar o meu idiota interior. Só assim pude gerar bons exemplos.

---

[1] Para assistir a série completa, acesse o QR Code a seguir:

O MITO DA MISSÃO DE VIDA

Agora, vou falar algo que envolve esses três pilares. A dinâmica da felicidade humana é ajudar o próximo. Não é a missão! Ajudar o outro é um elemento de felicidade que não tem tamanho. Eu, ao te ajudar aqui neste livro, sinto a minha felicidade explodir. Não tem como explicar, vem do fundo do meu coração. Mas a dinâmica da infelicidade humana é ajudar errado.

Anote: a dinâmica da felicidade humana é ajudar o próximo e a dinâmica da infelicidade humana é ajudar errado.

Por isso é que chamo essa engrenagem de "o mito da missão de vida", que consiste em inverter a ordem dos pilares. Por exemplo, primeiro você quer dar bons exemplos às pessoas, para só depois focar em lidar com seus conflitos e vazio existencial. Querer o pilar três antes do um vai fazer com que sempre fique faltando algo. Pode observar vários *coaches* profissionais, psicólogos, engenheiros, químicos, terapeutas, escritores... Eles ajudam um monte de gente, mas podem ser vazios por dentro se só tiverem focado a sua missão de vida no terceiro pilar.

O mito da missão é querer descobrir um dom que vai te trazer felicidade, para que depois aconteça algo com você. É o contrário. Você começa a gostar mais de você, a gostar mais de suas decisões. E aí o que vai acontecer? Vai ter mais ações inspiradas, vai ser mais chamado para causas. Mas você não vai conseguir ter ações inspiradas se tiver um piloto automático mandando em você.

Para que a sua missão aflore, concentre-se no primeiro pilar e faça o que for preciso! Dome seus vícios, suas mágoas, suas tristezas... Assim, você aumenta a autorresponsabilidade, que, no fundo, é algo que ninguém quer. Todos desejam uma fórmula mágica. Mas não vai ser mágica que irá amarrar o seu camelo. É quando você aumenta a autorresponsabilidade, que você começa a se curar.

METÁFORAS PERFEITAS

Para ajudar você nesta cura, vou contar uma história envolvendo o filósofo chinês Lao Tsé (também conhecido como Lao Tzu), criador do taoísmo e autor do livro *Tao Te Ching*. Este grande sábio queria abandonar o seu país e, quando estava indo embora montado em um touro, os guardiões da Muralha da China disseram: "Não, Lao Tsé. Você tem o conhecimento do caminho perfeito. Não pode abandonar os nossos arredores levando com você a sua sabedoria". Então, eles mandaram Lao Tsé voltar para casa e, em 81 dias, ele teria que retornar com os 81 versos do *Tao Te Ching*.

Entre as lendas envolvendo a criação desta obra-prima, é mencionado que Lao Tsé escreveu no lombo do touro as 81 metáforas constantes no livro, o qual recomendo fortemente que você leia. E após os 81 dias ele deixou na Muralha este touro com os 81 versos do *Tao Te Ching*, que é o livro do caminho perfeito (a soma de 8 e 1 dá 9; segundo a numerologia, é o ciclo perfeito). E qual é a metáfora que precisamos entender? O touro é um animal chifrudo e feroz, representando a animalidade humana. Mas Lao Tsé era capaz de montá-lo, já que o touro, com ele, ficava mansinho. Assim, quando você usa o caminho perfeito, o caminho da sabedoria, as suas emoções animalizadas ficam domadas. Você domina o seu ego.

Outra história que pode te ajudar a entender a sua necessidade de domar o seu idiota interior é o épico hindu *Ramayana*. Em 24 mil versos, conta a história de Rama, Sita e Ravana. Rama representa a sabedoria; Sita, o amor; e Ravana, o ego. O príncipe Rama é casado com Sita, mas sua esposa é capturada pelo demônio Ravana, que a leva para depois do oceano. Só que isso acontece por uma distração da sabedoria. A sabedoria bobeou e o ego sequestrou o amor. Rama, então, invoca o exército de Hanuman – um deus macaco – formado por esses animais. Eles representam os trabalhadores da vida, as pessoas que nos ajudam a criar projetos trabalhando em equipe.

Os soldados de Hanuman são muito habilidosos, espertos e estratégicos, e constroem sobre o oceano uma ponte de pedras para que Ravana resgate Sita. Moral da história: você tem que ter muita sabedoria e vigilância, porque, se der uma bobeada, para recuperar o que perdeu será necessário construir uma ponte sobre o oceano, e isso dá um trabalho absurdo. Trazendo para a nossa realidade, é isso o que pode acontecer com aqueles casais que estão juntos há 20 anos, felizes, mas aí um trai o outro e estraga tudo, não conseguindo recuperar o amor nunca mais.

> Pense bem sobre isso, pense bem sobre Lao Tsé.
> Para encontrar a sua missão de vida, você terá
> que vencer o seu ego. Mas, por mais
> que dê trabalho e seja muito difícil,
> é essencial para chegar à felicidade.

6

Você é causa ou efeito?

Existe algo mais que pode ajudar a domar o seu idiota interior: a observação de seus pensamentos e hábitos. Você sabia que 85% dos seus pensamentos não são originais? É isso mesmo: apenas 15% do que você pensa é original. O que isso significa? Um pensamento original é algo novo, uma inspiração. É um pensamento puro, sem contaminações. O resto do que você pensa (os 85%!) é retirado dos padrões do seu piloto automático, da sua memória. Você não cria esses pensamentos, apenas reage ao que já existe. Agora, se você quebrar isso, prospera, fica feliz e muda a sua realidade.

Para complicar ainda mais, saiba que existem dois tipos de pessoas no mundo: apenas 4% delas são causa e 96%, efeito. Quem são as pessoas efeito? São aquelas que só reagem. Por exemplo, se o dólar sobe, elas reclamam. Se o salário-mínimo não sobe, reclamam. Se acontece uma tragédia, ficam mal. Se escutam uma notícia boa, ficam bem. Ou seja: você as cutuca com algo e elas reagem de acordo com o que é esperado. Só que, quando você apenas reage aos fatos, nunca cria a sua realidade.

E quem são as pessoas causa? São aquelas que fazem com que as coisas aconteçam. São as que compreendem as leis naturais, as leis da mente e as leis do universo. Entenda que 96% das pessoas estão esperando que façam por ela, que mudem por ela, que algo aconteça. Já 4% estão indo fazer. Diante disso, eu te pergunto: **até onde você está disposto a ir para mudar o seu piloto, a sua realidade?** Muitas pessoas querem que eu faça por elas. Mas você é que vai ter que fazer a sua parte.

Quando você não tem pensamentos originais, ações inspiradas, também não tem liberdade de pensamento. Não cria nada, só repete padrões. Que padrões? Da família, da sociedade, da mídia... E isso se repete também nos seus hábitos. O que você costuma fazer todo dia? Atos originais ou repetições de um padrão que já existe? Se você costuma fazer sempre as mesmas coisas, tem um problema de vício. Não se ofenda, mas é exatamente isso.

Se você não consegue pensar ou agir diferente, está todo condicionado. Leva uma vida dentro da caixinha. Mesmo que você faça coisas positivas, precisa reavaliar isso. Pela manhã, por exemplo, você acorda às 5 horas, medita, ora, faz exercícios de gratidão, faz ioga e só depois arruma a sua cama. No outro dia, a mesma coisa. E assim vai... Sempre fazendo a mesma coisa, a mesma coisa, a mesma coisa. Você sabia que, assim, está criando hábitos robotizados?

Entenda que você só vai abrir seu fluxo de pensamento original se riscar esses hábitos robotizados de sua vida. E como fazer isso? Crie, digamos, hábitos aleatorizados. Por exemplo, num dia, faça oração pela manhã; no outro, afirmações positivas; no outro, meditação. Pessoas robotizadas não têm ações inspiradas. Por mais que o hábito seja perfeito e maravilhoso, o que vai iluminar a sua vida, abrir o seu caminho, é a bendita intuição, a bendita ação inspirada. E se você agir como um robô, vai se fechar para isso.

É óbvio que há rotinas vitais, como as existentes em um hospital, na produção de uma vacina, em uma linha de produção, em um posto de gasolina... Mas, para o cérebro humano, essa robotização induz a um padrão que nos liga ao piloto automático. A pessoa se desconecta e a Fonte não fala mais com ela. O que eu estou apresentando aqui para você é uma quebra de paradigma. É por isso que é como cabelo, unha, higiene: tem que cuidar diariamente.

Recentemente, eu reencontrei um amigo e ele me disse que, antes, estava com 16 quilos a mais, porque tinha o hábito de comer pizza três vezes por semana. E aí eu te pergunto: o que vai acontecer se você comer pizza três vezes por semana? Vai engordar! "Ah, Bruno, mas pizza não vale porque não é nutritivo." Verdade. Mas vamos pensar em alguma coisa que seja saudável, como grão-de-bico. O que vai acontecer se você comer grão-de-bico todo dia? Os nutricionistas sabem: vai desencadear uma monotonia alimentar. É por isso que você precisa ter uma variação em tudo.

O maior erro, o qual as pessoas não entendem, é que essa variação de exercícios mentais muda tudo. Ao longo da minha vida, eu me especializei muito no inconsciente humano. E percebi que a nossa sociedade comete este erro absurdo. Quando o assunto é inconsciente, programação mental, as pessoas não sabem o que fazer, não conseguem vencer as barreiras do cérebro. Vou dar um exemplo: hipnoses, afirmações que você pega no YouTube, Ho'oponopono... Isso tudo pode ajudar. Porém, se você não souber fazer, vai gerar o mesmo efeito da monotonia alimentar. Eu acho muito bonito o Ho'oponopono, mas, atualmente, ele viralizou como se fosse um pronto-socorro. E assim tem acontecido com diversas técnicas. Só que a gente não pode passar mertiolate em tudo, não pode tomar aspirina para tratar tudo. É preciso variar para você conseguir reprogramar o seu inconsciente, suas emoções e o seu piloto automático velho, destravando sua vida e limpando os registros de medo, vergonha, dores e travas que despertam o seu pior.

Não basta você só falar palavras positivas. É preciso criar forças para vencer as barreiras do cérebro. E você tem que entender de onde elas vieram. É como se o seu bloqueio estivesse no cartão de memória de sua câmera fotográfica. Você sabe quem tirou a foto e é só ir lá e deletá-la. Com a técnica que criei, a ACAM (cujo exemplo mostrei no final do capítulo 4, e ao fim do capítulo 8 também), é possível fazer isso de forma rápida. Mas vale lembrar: não é só ligar o *play* e fazer aquele mesmo exercício todas as semanas. Não! Vá fazer outros, porque senão vai viciar o seu sistema e não vai quebrar os paradigmas.

FIQUE DE OLHO NOS 3 AS QUE ALIMENTAM O PILOTO ERRADO

Quer domar ainda mais o seu idiota interior? Então, é preciso que você compreenda que também existem 3As – três alimentos – que podem colaborar na manutenção do seu piloto automático negativo. São eles:

PRIMEIRO ALIMENTO: REDES SOCIAIS

A dica de ouro sobre redes sociais é: pare de seguir todas as pessoas que você critica, que te incomodam, que despertam emoções ruins em você. Por exemplo, você vai na sua conta do Instagram e, ao ver a primeira foto que aparece (de alguém, obviamente, que você segue), diz:

"Ai, esse cara é tão exibido!". Pare de seguir quem não te serve! Ao fazer isso, vai parar de alimentar aquele bichinho que quer mais do mesmo. Não siga mais aquele tal político se você o odeia; aquela pessoa que fala sobre dieta cetogênica, se você sabe que não vai fazê-la; aquele especialista em aplicações, se você não tem interesse em investir o seu dinheiro. Pare de alimentar o piloto!

Entenda: Você é escravo das pessoas com as quais se importa demais

SEGUNDO ALIMENTO: TV E INTERNET (DE MODO GERAL)

Programas veiculados na televisão e na internet estão repletos de emoções manipulativas. Por exemplo, uma pessoa famosa morre e não se para de falar nisso nos noticiários de TV ou nos sites jornalísticos; ou um pai mata o filho atirando-o pela janela. O que acontece com você que fica acompanhando isso? Pega toda aquela energia ruim de tristeza, de revolta. Tome cuidado também com a manipulação de suas emoções feitas por certos apresentadores, que podem instigar você a ficar revoltado, a xingar, a ter raiva. Preste atenção a isso, desligue a TV e desconecte-se de certos sites da internet!

TERCEIRO ALIMENTO: SUAS DECISÕES

Em todas as decisões ou reações de seu dia a dia, pergunte-se: que emoção estou sentindo agora? Que programação eu ativei? Estou reagindo a qual memória? O piloto idiota entrou em ação? Reflita se vai sentir, por exemplo, raiva, medo ou insegurança. "Estou com medo de que me reprovem?" "Estou com raiva porque me excluíram." Qual programação você ativou? É um exercício difícil, mas é libertador para o controle de seu piloto. Perceba que, se você tomar decisões sem refletir, você só vai alimentar o velho piloto. Saia do automático, pense, analise, vá fundo nas suas emoções!

7

Não seja um idiota com pessoas negativas

Nunca subestime o poder de uma pessoa negativa. Não seja inocente com elas. Outra forma de dizer isso é: não seja um idiota com pessoas negativas! Este pode ser o seu maior erro, atrapalhando que você seja quem nasceu para ser. Pessoas negativas estão por todo lado, e não é possível matá-las, nem fazer com que se desintegrem. Até porque, elas podem ser seu marido, seu filho, sua mãe. Então, será que você está sofrendo com uma delas? Pessoas negativas sugam a sua energia!

Responda sem culpa: quem é a pessoa mais negativa com a qual você convive? É seu vizinho? Seu chefe? Sua sogra? Respondeu? Está bem então. Agora, vou te fazer uma pergunta crucial: Quem é a pessoa negativa de seu vizinho, seu chefe, seu marido, seu filho, sua sogra, sua mãe? Você reconhece essa pessoa? Pode dizer: "Sou eu". Tem coragem de falar isso? Provavelmente, não. Afinal, só os outros é que são negativos.

Não é nada bom ficar se escondendo atrás do "Não, eu sou puro; os outros é que são o problema". Preste muita atenção ao que vou te revelar: **toda negatividade ao seu redor é reflexo da negatividade que existe dentro de você.** Não adianta fugir disso. Vou repetir: **toda negatividade – toda! – ao seu redor é reflexo da sua própria negatividade.** Você mora numa cidade ou num bairro muito negativo e sofre com isso? Esse lugar é reflexo da sua energia. Você foi atraído para aí por conta da sua negatividade. Então qual a saída? Mudar você!

ANTES, FAÇA UM TESTE

Marque quais das seguintes características combinam com você no seu estágio atual (pode marcar mais de uma e até mesmo todas):

☐ Você está sentindo perda de criatividade?

☐ Você tem muita preguiça? (É quando bate aquele desânimo para realizar as coisas. Não dá vontade de fazer nada.)

☐ Tem procrastinado? (Às vezes, nem é desanimado e faz até muitas coisas, menos aquilo que deveria fazer. Adia as atitudes importantes.)

☐ Tem pessimismo?

☐ Tem tido mais fome e, frequentemente, compulsão alimentar? (Come mais do que queria e nem entende por que fez isso.)

☐ Tem sentido mais cansaço? Está sempre cansado?

☐ Tem muito desânimo?

☐ Age no piloto automático sem pensar? (Age e nem percebe o que fez: não se lembra se fechou a porta do carro, se trancou a casa, se desligou o fogo... A memória parece que entra em pane.)

☐ Perde a alegria de viver e as pequenas coisas da vida ficam sem graça.

Marcou algumas? Todas? Saiba que isso está acontecendo porque você, simplesmente, não sabe lidar com as pessoas negativas. Esses são sinais de que você está sendo sugado todo santo dia! Quanto mais itens marcou, mais está sendo sugado. Mas não se desespere porque talvez você só esteja sendo inocente com elas. Tipo um idiota mesmo. Eu também já fui assim e, quando bobeio e não aplico o que aprendi, volta a acontecer. Saiba que tem solução para isso e mais para frente eu vou te explicar. Antes, porém, eu preciso falar de algumas armadilhas que você pode estar caindo ao tentar lidar com o problema da energia negativa dos outros. São erros ridículos que talvez você cometa, mas sem perceber que são erros. É por isso que eu chamo de armadilha: tudo aquilo que eu faço errado, acreditando que seja certo. Será que você está caindo nessas armadilhas?

ARMADILHA #1 – CONVIVER SEM OS EPIS CORRETOS

Não é só no ambiente de trabalho que precisamos usar equipamentos de proteção individual (EPIs), como luvas, botas e máscaras. Em nossas relações, também! E, neste caso, quais seriam os EPIs corretos? Para se proteger de uma pessoa negativa, é preciso usar a energia certa, a palavra certa. Então, a sua primeira armadilha é você querer lidar com a negatividade alheia sem os equipamentos de proteção certos.

ARMADILHA #2 – BATER DE FRENTE

Se tem uma coisa que você nunca pode fazer com uma pessoa negativa é combatê-la, bater de frente com ela. Caso você esteja brigando com o seu marido ou com a sua filha porque eles são negativos, saiba que nunca deve fazer isso. Você tem que tratá-los como os elementos da natureza: se você entrar numa onda que está estourando, pode se quebrar; se for em direção ao furacão, vai morrer; se entrar numa floresta em chamas, vai se queimar ou ser carbonizado. Por isso é que você evita tudo isso. Com as pessoas negativas, deve fazer o mesmo: desvie delas, espere que elas passem.

ARMADILHA #3 – QUERER MUDAR O NEGATIVO

O que tem de marido e mulher querendo mudar um ao outro... Se este for o seu caso (ou se age assim com qualquer outra pessoa), pare com isso. A maior besteira que você pode fazer é querer mudar uma pessoa negativa. Em geral, ela é muito orgulhosa e não vai nem querer ouvir as suas opiniões, os seus pitacos. Não fale nada, apenas mostre os seus próprios exemplos. O orgulhoso não quer ficar para trás. Por isso, quando ele perceber que com o seu jeito positivo você está bombando na vida, vai querer saber o que você fez e vai querer te seguir. Anote: o jeito certo de mudar o negativo é você mudando e mostrando para ele como é bom onde você está, quais são os benefícios disso no seu dia a dia.

ARMADILHA #4 – JULGAR E CRITICAR

Pare de julgar e criticar a pessoa negativa. Não fique falando para ela: "Viu, também já entrou no jogo achando que ia perder", "Viu, também nem reza", "Viu, também não sabe lidar com suas emoções". Entenda que o outro está no momento dele. Se você ficar julgando, entrará na energia dele. Exatamente como um cabo de celular faz a conexão entre o aparelho e a tomada, suas críticas e seus julgamentos servirão de conexão com a energia da pessoa. Você se ligará ainda mais a ela. Quando você fala, você se conecta. **Sintonias são evitáveis, trocas não.** O que isso significa? Eu posso evitar me conectar com esse fio (a pessoa negativa), para que assim não tome um choque. Eu posso decidir não assistir ao noticiário em que só passa desgraça? Posso, mas se eu ligar a TV e vir a desgraça, vou passar a receber toda aquela energia.

Quando você critica alguém excessivamente, torna-se escravo dela. Como já falei anteriormente, você vira escravo das pessoas com as quais se importa demais. Por exemplo, você vive falando de seu filho: "Nossa, estou tão preocupada porque ele e minha nora... porque ele e meu neto... Meu filho isso, meu filho aquilo...". Este filho te escravizou. Você só fala do seu marido? Virou escravo dele. Você fala mal do seu chefe o tempo todo? Virou escravo dele. Tem uma pessoa da rede social que você não suporta e fica falando mal dela? Escravo! Não adianta: pode ser parente ou pode ser desconhecido, se você fala demais de alguém ou até mesmo de uma situação, como a pandemia de Covid-19, é escravo dessa pessoa ou desse problema.

ARMADILHA #5 – TOMAR A CULPA PARA SI

Você precisa ser equilibrado e não pensar dessa maneira: "Ah, ele é negativo porque eu fiz isso para ele". Cada um tem a sua emoção para curar, cada um é responsável pelas suas emoções. Nós já falamos sobre medos, vícios humanos, vícios de relacionamentos, cavaleiros mortais, venenos da mente... Veja quantas emoções de impacto! E cada uma delas é de responsabilidade própria. Você não tem nada a ver com a negatividade do outro.

ARMADILHA #6 – ACHAR QUE A SUA ENERGIA É QUE ESTÁ RUIM

A pessoa negativa está sugando a sua energia e você nem percebe. Acha que é o responsável por estar com todo esse abatimento. E aí o que faz? Opta por se entupir de café, energéticos e suplementos para ter motivação, foco e energia. Não caia nessa armadilha, transferindo um problema para outro. Só tome café porque gosta, até mesmo como um ritual, e não para tirar o seu sono. Caso contrário, a busca por solucionar uma situação irá ocasionar outros aborrecimentos.

ARMADILHA #7 – IGNORAR A NEGATIVIDADE

Um outro erro é falar: "Isso de gente negativa é bobeira, não pega em mim... Eu acredito em Deus". Eu também acredito, mas Deus criou as leis naturais e universais. E esse negócio de "creia em Deus e tudo será derrotado" não é bem assim. Sem querer te ofender, não seja idiota ao negar os fatos que mostram que a negatividade do outro pode te atingir. É uma questão de energia.

ARMADILHA #8 – É SÓ COISA DO CÉREBRO...

Outra armadilha é achar que a energia negativa é só cerebral. Não é só isso. O cérebro é um codificador da mente. Lembre-se do que já expliquei: o cérebro é uma antena; e a mente, a estação de rádio. A mente é nosso campo de consciência. Então, a negatividade vem da mente. Sobre o cérebro, vamos entender mais a seguir.

> E aí? Está caindo em algumas
> armadilhas? Todas? Nenhuma?
> Eu só quero que você reflita e comece
> e que tenha o controle do seu piloto.
> Acho que as coisas estão ficando
> mais claras e você já está sabendo
> onde estava errando.
> VAMOS EM FRENTE!

A PANE CEREBRAL

Sabia que o seu cérebro também pode entrar em pane? É sério! Para que você compreenda como isso acontece, inicialmente precisa conhecer algumas características dele:

1. O cérebro é receptor e transmissor de ondas, ou seja, de energia.

Ele capta informações e as emite. É por isso que ocorre o efeito da telepatia e, às vezes, você adivinha o que o outro está pensando: ambos entram na mesma frequência e podem conversar mentalmente. É por isso também que, quando uma pessoa por perto boceja, você boceja logo em seguida. Existem muitos exercícios para entrar em sintonia com o cérebro do outro.

2. O cérebro consome, em média, 25% de toda a energia do seu corpo.

É por isso que acontece o cansaço mental, o qual, na verdade, é um cansaço cerebral. A mente não cansa; o cérebro, sim. E alguns pesquisadores chegam a atribuir até 80% do nosso cansaço às funções cerebrais, dependendo da pessoa.

3. Mesmo que o corpo esteja parado, o cérebro segue fazendo a sua parte sem cessar.

É importante entender isso: não importa se o seu corpo está economizando energia enquanto você descansa em sua cama, porque o cérebro continuará consumindo a energia de seu organismo.

4. Ele facilmente entra em ressonância com outros cérebros.

Isso se explica justamente pela característica número um: emitir e receber. E quando isso acontece, o cérebro doa energia para quem tem menos e drena a energia de quem tem mais. É parecido com o que ocorre quando o controle remoto da TV não está funcionando bem. Você vai na gaveta e vê que só tem uma pilha nova. Mesmo assim, a coloca junto com uma das antigas. Quem nunca fez isso? O controle volta a funcionar, mas dali a três dias para de novo. A bateria antiga consome a energia da nova. Então, respeitando essa característica de emitir e receber, se o seu cérebro está drenado, ele vai roubar a energia do que tem mais; se o seu cérebro está energizado, ele vai doar para aquele tem menos.

5. O cérebro é programado para economizar o máximo de energia que puder.

Assim como o seu celular diminui a luminosidade e entra no modo de economia quando a bateria está acabando, o mesmo ocorre com o seu cérebro. Quando ele percebe que está ficando muito cansado, começa a se poupar. O cérebro é programado para economizar o máximo de energia que puder.

6. O cérebro pode entrar em colapso ao perceber que está gastando muita energia e não está conseguindo repô-la.

Pense em um tatu-bola: quando se sente ameaçado, ele se fecha. Algo semelhante acontece com o cérebro. Quando ele percebe que está gastando energia demais, ele liga um alarme interno e entra em colapso. Isso pode acontecer com você todos os dias, caso esteja gastando muita energia cerebral. A verdade é: **todo conflito emocional desgasta o seu cérebro, fazendo com que ele entre no modo de economia de energia.**

CÉREBRO NO MODO DE ECONOMIA: E AGORA?

Como mencionei, todo conflito emocional desgasta o cérebro. Assim, se você brigar com o seu marido, com a sua mãe ou com o seu chefe, isso abala as suas emoções, fazendo com que o seu cérebro desgaste tanta energia a ponto de ele ativar o modo *save energy*. É semelhante a quando cai uma fase da energia de sua casa e a luz fica bem fraquinha. Este modo para economizar energia no cérebro traz consequências para você, que passa a sofrer com falta de motivação, insatisfação, preguiça, procrastinação, entre outros danos. É como se ele te colocasse em um estado apenas para mantê-lo vivo. Isso porque, diante do conflito emocional, o cérebro se desespera ao ver sua energia sendo drenada e começa a ficar mais lento. E aí você me pergunta: "Bruno, então você está me dizendo que preguiça e procrastinação acontecem porque o meu cérebro entrou no modo *save energy*?". Sim, porque ele está sendo sugado energeticamente.

O cérebro da pessoa negativa apresenta grande consumo de energia, o que desperta o efeito parasita, sugando a energia de quem se aproximar. Só que a pessoa negativa não percebe que faz isso, porque é algo inconsciente. E por que ela cola em você, que é tão positivo? Porque, mais uma vez, inconscientemente, ela sente que você está dando energia para ela. Por isso que já mencionei que um dos maiores erros é você ficar batendo de frente com o negativo. Isso é tudo o que ele mais quer, embora não saiba, nem você. É como se o cérebro do negativo ficasse sugando a sua energia de canudinho.

Sempre que uma pessoa negativa consome a sua energia, você entra na frequência cerebral dela. É a triste realidade: seu cérebro, energizado com a frequência intrusa negativa, acaba ficando igual. Por esse motivo, conviver com pessoas negativas vai deixá-lo mal fisicamente, já que você não sabe como lidar com isso.

E uma vez que você entre na frequência cerebral dos negativos – por uma ação da lei da causa e efeito, lei da atração ou lei das vibrações –, naturalmente passará a atrair mais negatividade, mais problemas e mais escassez para a sua vida. Você já percebeu que, depois que começou a conviver muito com aquela pessoa negativa – por exemplo, depois que a sua mãe foi morar na sua casa ou quando começou a trabalhar com o seu irmão –, as coisas começaram a dar errado? Ou depois que passou a conviver demais com o seu chefe ou com um colega de trabalho muito problemático, a sua vida começou a ficar ruim? "Ah, mas eu tenho tanto dó da minha amiga... A mãe morreu, o marido a largou, o filho faz mal a ela...". Sim, mas ela está te afundando porque você não sabe se defender, não está usando os EPIs (Equipamentos de Proteção Individual) corretos. Sua amiga nem sabe que está te fazendo mal, mas agora você sabe.

E vale reforçar: o preço que você paga toda vez que o seu cérebro estiver com baixa energia é a perda da criatividade, a preguiça, a procrastinação e até mesmo comer o que não é saudável, porque ele vai buscar energia de forma errada. O cérebro desliga e vai querer pedir para você, basicamente, açúcar e carboidrato – as piores coisas. Não é à toa que pessoas que convivem muito com negativos podem engordar muito mais facilmente, porque o cérebro fica buscando subterfúgios. E você fica como? "Ai, preciso de uma balinha, preciso de um docinho!" É a famosa fome emocional. O pior é que você dá glicose para ele, enquanto deveria estar oferecendo ao seu cérebro outro tipo de energia, e o resultado vai ser aumento da vontade de comer, cansaço, embaralhamento mental, desânimo e agir no piloto automático. Você dirige até o trabalho e fala: "Nossa, nem vi como cheguei até aqui". Você deixa de perceber a vida, perde a alegria de viver e tudo fica sem graça.

É por isso que, se você não dominar a programação do seu cérebro, a programação do seu cérebro vai dominar você. Vou perguntar novamente: é seu piloto automático que dá a patinha para você ou é você que dá a patinha para o seu piloto automático? Se você não consegue controlar o seu impulso de comer doce, é você que está dando a patinha para a programação do seu cérebro. Está tornando o cérebro seu maior inimigo, está perdendo para você mesmo. É por isso que precisa ativar a programação certa para destravar a sua vida, dissolvendo as limitações inconscientes de medo, vergonha, baixa autoestima, decepção e desânimo.

Imagine uma situação caseira: você quer apenas pulsar tomates no seu liquidificador para fazer um molho com pequenos pedaços desse fruto, que é como mais gosta. Mas, se errar a programação e colocar para bater, o molho ficará completamente uniforme, sem qualquer pedacinho. Ou seja, você fez uma programação que não combinou com os seus objetivos, assim como pode estar fazendo com o seu cérebro. Está entendendo?

Quando você se conecta com a frequência do negativo e está sendo sugado, forçando o seu cérebro a entrar no modo *save energy*, ele vai te pedir duas coisas. A primeira é: "Descanse mais, não faça nada, fique se preservando". E aí entram em cena a preguiça, o cansaço, a procrastinação.

É quando, por exemplo, você pega um livro para ler e não consegue passar de cinco páginas e já está querendo dormir. Ou quando você decide que vai arrumar a casa, mas aí dá aquele sono. Mas não é sono! É o autoboicote do cérebro para você não gastar energia. A segunda coisa que ele vai te pedir é: "Coma mais, você precisa de mais nutrientes". Só que o que ele quer é açúcar, é glicose. Isso também vai sugar a sua energia.

A lição mais importante é: o seu cérebro pode te dominar, se você não o dominar. E aí eu te pergunto: você domina o seu cérebro ou ele domina você? Se ele ficar falando toda hora "descanse e coma, descanse e coma, descanse e coma", é ele quem está mandando em você. É o seu piloto automático, é o seu idiota interior entrando em cena. E você precisa mudar esse jogo.

CUIDADO COM A FREQUÊNCIA INTRUSA

Como você viu até agora, o maior vilão da sua vitalidade é o cérebro das pessoas negativas. Nada pode ser tão poderoso para tirar as suas forças. Nada, absolutamente nada, pode ser tão destrutivo quanto entrar na mesma frequência mental dos negativos. O nome disso é frequência intrusa: quando você entra na frequência mental de uma pessoa negativa.

A frequência intrusa é a mágica que faz uma mente negativa dominar uma mente mais elevada. E uma mente que está mais elevada é, simplesmente, aquela que está com mais energia. Quando você se aproxima de pessoas que estão com raiva, medo, tristeza, depressão, insegurança, desânimo, ansiedade ou melancolia, elas sugam a vitalidade da sua aura. Ao acontecer isso, rapidamente o seu cérebro entra na mesma vibração da pessoa negativa e toda a sua vida começa a se complicar. A partir daí vão surgir os desequilíbrios emocionais, que podem até gerar doenças. O cérebro começa a trabalhar contra você, fazendo com que acredite que tudo é difícil. Você vai passar a achar que a vida boa e a prosperidade não são para você. Porque é o cérebro falando: "Não, para de desejar, para de querer, para de ter ambição".

Essa drenagem de energia dita uma frequência intrusa no seu cérebro, que vai dar origem a dores, doenças, insatisfação, tristeza, procrastinação, falta de paciência, ansiedade e todos os tipos de bloqueios. Este é o maior problema do dia a dia: a frequência intrusa. E o pior é que esse problema pode piorar... Eu já mencionei que você pode ter o piloto automático estragado, que não combina com a vida que quer ter, certo? Agora imagine isso somado à frequência intrusa. É aí que a sua vida não irá para frente mesmo.

DICAS PARA MANTER O SEU CÉREBRO ENERGIZADO

Você deve estar chocado com tudo o que leu neste capítulo e provavelmente esteja se identificando. Por isso é que precisa tomar atitudes para manter o seu cérebro energizado. Afinal, se ele ficar sem energia, vai te dominar e acabar com você. Existem muitas formas de fazer isso, sem que seja com glicose ou descanso. Veja algumas dicas:

1. Não deixe seu cérebro sem energia. Para trabalhar a energia de seu cérebro, faça exercícios de respiração, tome sol, durma bem (mas nada de dormir demais, senão pode ser reflexo de uma energia intrusa), alimente-se saudavelmente e procure ajuda na Fitoenergética.

A Fitoenergética é um sistema que utiliza a energia das plantas para restaurar o equilíbrio dos sentimentos e dos pensamentos, que são a verdadeira causa das doenças. São mais de 118 plantas catalogadas com seus benefícios, chakras onde atuam e a melhor forma de prepará-las. Existem diversas formas de se beneficiar das propriedades curativas das ervas, como chás, banhos, sachês, sucos, saladas, temperos, entre outras aplicações. Para saber mais, acesse o QR Code ao lado:

2. Dose o contágio. Aprenda a se desviar de pessoas negativas. "Nossa, minha sogra é muito negativa!" Então o que você tem que fazer? Dosar o contágio, conviver menos com ela. Se a pessoa negativa for o seu marido ou a sua esposa, eu não estou falando aqui para você pedir a separação. Muita gente ama pessoas negativas, mas que são ótimas em vários outros aspectos. Neste caso, você tem que aprender a lidar com elas e, claro, lembrar de usar os EPIs corretos.

3. Bloqueie o julgamento. Você lembra que, quando eu julgo, entro na energia da pessoa negativa? E que sintonias são evitáveis, mas trocas não? Portanto, pare de falar sobre o negativo. Não o julgue, não o critique, nem mesmo se lembre dele, se for possível. E isso não é desprezo, e sim proteção. Dessa maneira, você vai deixar a pessoa ser o que ela quiser, sem a obrigação de compactuar com ela.

4. Você tem o direito divino de criar o seu dia. O que isso significa? Que você deve criar seus rituais (e no próximo capítulo eu vou falar sobre dois deles, que serão capazes de mudar a sua vida em seis semanas). Agindo assim, você começa a energizar o seu cérebro da forma certa. Porém lembre-se: você precisa revezar várias técnicas diferentes assim como fazemos no Clube da Positividade, pois variamos 52 Afirmações Código Aura Master (ACAM) durante um ano, evitando assim a monotonia cerebral que robotiza seu cérebro. Para saber mais sobre o Clube, aponte a câmera do seu celular para o seguinte QR Code:

5. Prepare o seu sono. Entenda que, quando você vai para a cama, o seu corpo dorme, mas a sua alma acorda. Então, nunca durma depois de uma briga. Espere primeiro você se acalmar. Assista algo na TV, leia um livro, tome um chá, mesmo que já seja de madrugada, mas não brigue e durma. Outra dica é nunca dormir alcoolizado. Não estou falando aqui que é para você parar de beber, e sim apenas para não ir para a cama após ter bebido. Antes de dormir, você também pode fazer afirmações, lembrando que é bom variá-las (por exemplo, a cada semana pode fazer um tipo diferente de afirmação, como as que disponibilizamos no Clube da Positividade). Então, além de se preocupar com o seu físico, preparar o espírito e o inconsciente também é muito poderoso para energizar o seu cérebro.

6. Seja o dominante. Esta dica parece contraditória, se eu já falei anteriormente para você não bater de frente com a pessoa negativa. Mas não é nada disso. Ser o dominante significa que você se antecipa, que você entende, que você desvia. Você já sabe o que o negativo conscientemente não sabe: que ele quer roubar a sua energia. Ser um dominante é não brigar, é não querer mudar a pessoa. É fazer perguntas em vez de ser dominado. Toda vez que você faz uma pergunta, a pessoa muda o foco dela. Por exemplo, se o negativo está reclamando sobre política, pergunte pacientemente: "Quem você acha que deveria ser o presidente, se não está gostando do atual?", "Como você acha que o Brasil deveria ser governado?". Deixe-o pensar e, assim, ele tira o foco do que está fazendo, que é roubar a sua energia.

8

O milionário espiritual

Você está sempre brigando com a escassez? Ou melhor, o seu piloto automático idiota está programado para você não viver bem financeiramente? Mais uma vez, só há uma saída: se você quiser ter prosperidade, vai ter que fazer uma nova programação. Com a velha, nunca vai chegar em sua casa maravilhosa, com um carro lindo na garagem, e dizer: "Nossa, foi o meu trabalho que me deu isso". Também não vai saber o que é viajar no final do ano, no meio do ano, durante o ano. Nem poderá dizer sim ao seu filho quando ele pedir um videogame.

Mas, se hoje está difícil para você, a ponto de não conseguir imaginar como pode chegar a esta realidade, eu vou te apresentar a profissão que mais faz milionários no mundo. Ela não sai da moda e, quanto mais você entende dela, mais enriquece. Foi quando eu aprendi essa profissão que comecei a enriquecer. Algumas pessoas a odeiam... Eu também a odiava, porque fazia da maneira errada. Só que, quando virei a chave, quando quebrei as minhas crenças, mudei o jogo e hoje tenho a vida dos meus sonhos. Posso escolher o carro que eu quero ter, onde morar, quantas férias tirar e, sinceramente, posso ter o melhor da vida.

Então, você quer saber que profissão é essa que você pode dominar? E detalhe: ela pode estar dentro da sua própria profissão atual! Quanto mais você entender o que está por trás dela, mais irá acelerar o seu processo de prosperidade. Embora seja ideal para quem queira fazer dinheiro, ela é uma das profissões mais controversas do mundo. Qual seria? Fácil: vendedor!

Quando você pensa no profissional de vendas, qual é a primeira palavra que vem à sua cabeça? Chato, insistente, difícil, complicado, enganador, marketeiro, mala, enrolão... Infelizmente, essa profissão está bastante associada a palavras de cunho negativo. Só que, seja qual for a sua carreira, você sempre precisará estar vendendo. Por exemplo, para passar na entrevista de emprego, você teve que vender a ideia de que seu serviço é bom. Para continuar no emprego, precisou passar pelo período de experiência, sinal de que continuou vendendo a sua imagem. E se você ainda trabalha no mesmo local, quer dizer que continua até hoje vendendo seu serviço, seus projetos, suas ideias.

Eu refleti muito se iria incluir ou não esse capítulo neste livro. Por algum tempo entendi que não deveria. Mas aí eu despertei e me lembrei do quanto já fui totalmente idiota com questões ligadas a vender e vender-se. Assim, cheguei à conclusão de que você com certeza vai precisar se libertar dos inúmeros significados equivocados atribuídos às palavras *vendas, vender e vendedor*. Vamos exorcizar isso de uma vez por todas.

A verdade é que a venda gera movimento, desencadeia coisas boas, faz circular a abundância. Quem não gosta de venda, paga tudo o que compra com raiva. Sabe qual o resultado disso? Ao associar o dinheiro a algo negativo, trava tudo. O fluxo da prosperidade simplesmente para. Se você é uma dessas pessoas, precisa mudar o seu piloto. Acima de tudo, tem que entender que existem dois tipos de vendedores: o material e o espiritual. Ao saber disso, ficará muito mais fácil reprogramar a sua mente para que entre na frequência do milionário espiritual.

AS DIFERENÇAS ENTRE VENDEDOR MATERIAL E ESPIRITUAL

Existem alguns erros que fizeram – e ainda podem fazer – com que você associe vendas ou os vendedores a uma energia ruim. Isso acontece porque, durante muito tempo, só se conhecia a figura do vendedor material. Hoje, felizmente, não param de surgir profissionais de venda com mentalidade espiritual. E, no seu novo piloto automático, você pode ser um deles. Assim, terá uma profissão que enche os seus bolsos de dinheiro enquanto também preenche o seu coração de gratidão e alegria.

Vamos entender a diferença entre os dois?

VENDEDOR MATERIAL	VENDEDOR ESPIRITUAL
Ele só quer a comissão. O ganho é o seu único interesse.	Ele só quer ser feliz, e vê no ganho um instrumento para isso. Está focado em se realizar.
Vender é o que importa.	Ver o cliente transformado é o que importa. Deseja que o cliente que chegou mal saia bem; que entre com uma mentalidade e saia com outra: se estava triste, ficou feliz; se estava perdido, se encontrou.
Vende qualquer coisa para qualquer um.	Quer vender a coisa certa para o cliente certo. Ele tem um radar, está sempre buscando o *match*: "Isso aqui é legal para a Ana, mas não é para o Pedro", "Nossa, isso é a cara da Maria, mas para o Paulo não dá".
É ganancioso. Passa os ganhos na frente de tudo, na frente do bem-estar do outro. Ganância é aquele sentimento de "vou conquistar o que quero, não interessa o que aconteça".	É ambicioso. Lembre-se do que já mencionei antes: ganância é mortal, ambição é vital.
Só quer o melhor para si. O nome disso é egoísmo.	Quer o melhor para todos: para si e para o cliente.
Está sempre cobiçando. Olha para uma pessoa e pensa: "Aquela ali vai gastar comigo, vou tirar uma grana dela". Ele só olha para os clientes como uma fonte de dinheiro.	Está sempre disposto a servir.

É por esses motivos que o vendedor material está com os dias contados. Ele não vai durar muito no mercado. Já o vendedor espiritual precisa estar em tudo: nas empresas, nas ruas, em projetos diversos. Com carteira assinada ou autônomo. *Freelancer* ou empresário. Isso porque, quando você trabalha com a mentalidade do vendedor espiritual, está prezando pela cosmoética (a ética das consciências superiores) e pela lei que se encontra em todos os livros sagrados do mundo: não faça ao outro o que você não gostaria que fizessem com você.

OS 10 MANDAMENTOS DO VENDEDOR ESPIRITUAL

Está pronto para ser um vendedor espiritual, seja lá qual for a sua profissão? Este caminho pode mudar completamente o seu piloto automático. Quando eu não sabia vender do ponto de vista espiritual, o meu salário não pagava as minhas contas e eu vivia afundado em dívidas; não tinha nem um terço do mínimo para viver com os projetos que desejava implementar; era um poço de insatisfação, sempre comparando o que eu não tinha ao que os outros tinham; percebia que a minha vida estava empacada; tinha crenças com dinheiro e limitações de prosperidade.

Até que em 2007, logo após o meu acidente, fiz um treinamento com o meu amigo e sócio Paulo Henrique Trott Pereira, que é um mestre nessa área. Ele abriu a minha cabeça e a minha vida mudou. Finalmente consegui desassociar as emoções negativas referentes a vendas e entender a diferença entre vendedor material e espiritual. Eu curei isso em minha vida. E quando você curar na sua, simplesmente vai prosperar. Vamos nessa? Para chegar lá, compreenda os mandamentos do vendedor espiritual e coloque-os em prática:

MANDAMENTO #1 – RECUSE-SE A VENDER ILUSÃO

O vendedor espiritual quer ajudar o mundo e, por isso, não aceita vender nada que seja *fake*. Ele se recusa a vender algo que não seja bom e que ele saiba que não vai fazer bem ao cliente.

MANDAMENTO #2 – FAÇA UMA LISTA DE SINÔNIMOS DA PALAVRA VENDEDOR

Esqueça os nomes pejorativos associados ao vendedor material. Agora, se alguém perguntar a você quais palavras vêm à sua mente quando pensa no termo "vendedor", diga:

"facilitador, canal da economia, mentor, visionário, apoiador, confidente, instrutor, amigo, professor...".

MANDAMENTO #3 – VALORIZE-SE COMO UM MENTOR

Tem gente que acha que, pelo fato de ser vendedor, é um pedinte que está rastejando pela venda. Não é nada disso! Todo bom vendedor espiritual age como um mentor, como um guia. Ele é um protetor e quer encaixar o produto apenas onde for o degrau do cliente (nem acima, nem abaixo). O vendedor espiritual trabalha o emocional da pessoa e, assim como um guia, mostra o que ela não está enxergando. Por isso, ele costuma ser procurado como se fosse um amigo. É uma energia de troca muito forte, porque a intenção é entregar um valor absurdo ao cliente.

MANDAMENTO #4 – FAÇA UMA LISTA DE BENEFÍCIOS DO SEU PRODUTO

Esta lista deve conter os benefícios racionais e emocionais envolvendo o que você deseja vender. Suponha que está oferecendo ao cliente um biscoito. A lista racional (os itens técnicos) poderia ser: não contém glúten, muito saboroso, feito com ingredientes nobres, baixo valor calórico... Já a lista emocional traria tudo o que evoca uma sensação: com a mesma receita da vovó, faz você se sentir na pré-escola, é como se estivesse no calor da fazenda... Outro exemplo: venda de uma lingerie. Lista racional: não dá alergia, resistente à lavagem na máquina, muito confortável de usar. Lista emocional: você vai enlouquecer seu companheiro, vai se sentir poderosa, vai se sentir uma celebridade. É mais uma forma de mostrar ao cliente o enorme valor do que está vendendo. O que elenquei aqui são apenas exemplos, mas você pode adaptar isso para qualquer profissão, pois, como já mencionei, você está o tempo todo vendendo.

MANDAMENTO #5 – FAÇA UMA ORAÇÃO DIÁRIA DE GRATIDÃO

Antes de iniciar o seu trabalho, o vendedor espiritual deve fazer uma oração baseada nas seguintes palavras: "Pai, faça de mim um instrumento para levar a mudança, a cura e a transformação ao meu cliente. Pai, faça de mim um canal para expandir a Sua palavra, para expandir bênçãos. Pai, faça de mim um instrumento para melhorar a vida das pessoas".

MANDAMENTO #6 – AGRADEÇA A CADA SER QUE PODE SERVIR

O vendedor espiritual agradece a cada cliente: "Gratidão por te servir, foi uma honra". Isso é muito sério. Os americanos usam um termo do qual eu gosto muito: "*At your service*". É exatamente esta a ideia: "Foi uma honra estar a seu serviço! Foi uma honra te servir". Experimente falar isso olhando bem nos olhos do cliente e verá a energia incrível que vai fluir. É como se o seu espírito em evolução soubesse que Deus te deu a oportunidade de ser vendedor para resgatar seus carmas, para transmutar as suas inferioridades e para evoluir como alma – vendedor em qualquer área, seja de serviços, ideias, soluções, causas. Deus te deu a ideia de como servir! Quando eu vendo a minha causa (ensinar sobre prosperidade), costumo dizer: "Obrigado por servir você! Foi uma honra ter sido instrumento do seu sucesso". E é do fundo do meu coração que falo isso. Portanto, também aprenda a agradecer. Se, por exemplo, você trabalha com profissão que recebe gorjetas, você vai ver: elas vão dobrar!

MANDAMENTO #7 – DESAFIE-SE SEMPRE

Ao lidar com o seu cliente, garanta que ele terá resultados e transformações. Desafie-se sempre para garantir que será vantajoso para ele. O cliente precisa sentir que está tendo comodidade, conveniência e noção de comunidade (você cria um ambiente bom para interagir com ele).

MANDAMENTO #8 – COMPROMETA-SE COM O PÓS-VENDA

Após realizar a sua venda (seja do que for), certifique-se de que deu certo para o seu cliente. Não aja como o vendedor material, que depois que faz a venda não quer saber de mais nada. A felicidade do cliente deve ir além da hora de passar o cartão. Por exemplo, no dia seguinte, pegue o telefone ou mande uma mensagem, perguntando para ele: "E aí, gostou? Está tudo certo? Serviu bem?".

MANDAMENTO #9 – ESTEJA PRONTO PARA NÃO GANHAR DE PRIMEIRA

Ao expor o que irá vender, não se preocupe com o resultado imediato. Mostre as vantagens ao cliente, passe a ele todo o conhecimento que puder e, assim, ele irá te falar "Nossa, isso aqui que você me passou já pagou o produto umas 200 mil vezes". Isso pode fazer de você um vendedor exponencial, que vai ganhar no longo prazo.

MANDAMENTO #10 – AGRADEÇA POR PERDER CLIENTES

Você tem que se encaixar em um lugar que combine com você. Por isso, aprenda a escolher clientes. Eu faço isso sempre porque, ao vender meus cursos, não quero ter alunos que não combinem com a minha proposta. Entenda: você não tem que agradar a todo mundo. Eu quero agradar a quem me agrada, quero combinar com quem combina comigo. Por isso, agradeça por perder clientes que não estejam alinhados com você.

SEGUNDA PRÁTICA PARA CRIAR UM NOVO PILOTO: DINHEIRO MÁXIMO

Para concluir este capítulo, vamos a mais um exercício para reprogramar a sua mente? Esta prática é para atrair prosperidade para a sua vida e foi retirada do Clube da Positividade. Siga o passo a passo, repetindo as afirmações mentalmente ou oralmente.

1. Respire fundo por três vezes. Inspire e expire com suavidade, mas, ao mesmo tempo, profundidade.

2. Esfregue uma mão na outra, posicione-as em concha sobre o couro cabeludo e fique assim por cerca de 30 segundos. Enquanto isso, repita: *"Eu convoco toda energia vital a que tenho direito".*

3. Esfregue de novo as mãos e coloque-as em concha na região do peito, por 30 segundos.

4. Esfregue-as novamente e posicione a mão direita na nuca e a mão esquerda na testa. Repita: *"Estou vivo e agradeço toda a força da vida que há em mim".*

5. Esfregue as mãos outra vez e descanse-as sobre o peito, sendo uma mais acima e a outra embaixo. Repita: *"Estou bem. Estamos bem. Tudo em mim está bem. Eu, meu corpo e minha consciência aceitamos essa luz".*

6. Coloque as mãos sobre as coxas e repita:

"Aqui, agora, neste exato momento, eu estou em posse do melhor da vida. É neste sagrado momento que a chama da vida brilha em mim. Eu aceito e mereço a capacidade natural de prosperar. Eu sou digno de ser saudável, feliz e próspero. A matriz divina em mim acolhe essa decisão e a transforma em decreto no meu inconsciente. Eu, conscientemente, atraio oportunidades que criam mais prosperidade. Dinheiro e espiritualidade podem conviver naturalmente e

harmoniosamente. Eu deixo ir toda a negatividade sobre dinheiro que ainda resiste em mim. Eu deixo ir todas as crenças negativas sobre prosperidade. A prosperidade é atraída até a minha vida, de formas esperadas e não esperadas. Eu sou um ímã do dinheiro e naturalmente facilito a atração do dinheiro em tudo o que faço. Eu sou digno de fazer mais dinheiro. Eu estou de bem com a ideia de ser tudo o que nasci para ser, de ser todo o meu potencial. Eu estou de bem com a ideia de que o dinheiro flui em grandes quantidades na minha vida. Eu abraço e agradeço toda forma de prosperidade que a vida me traz. Eu sou um portal de prosperidade. Eu sou um canal da abundância divina. Quanto mais dinheiro eu tenho, mais eu ajudo a minha vida e mais eu ajudo o próximo. Eu transformo pensamentos escassos em pensamentos de riqueza. Eu deixo a escassez e a pobreza da minha mente, e entro num nível de total criação de riqueza. Eu estou aberto à ideia de fazer cada vez mais dinheiro. Eu estou aberto a toda oportunidade de receber mais pelo que faço. Eu estou em paz com a ideia de ter cada vez mais abundância em cada dia que eu vivo. Minhas finanças melhoram meus sonhos e metas. Minha prosperidade e minha espiritualidade convivem em plena amizade. Amor e dinheiro podem ser amigos. O dinheiro é liderado por mim. O dinheiro serve a mim. Eu uso o dinheiro sem sentir medo. Eu aproveito o melhor que o dinheiro pode *dar. Eu melhoro a minha vida enquanto melhoro a vida dos que me cercam. Eu estou de bem com a minha vida saudável. Não há falta de nada em minha existência. Eu não preciso me matar de trabalhar para que toda a abundância que desejo venha a mim. Eu encontro a leveza, a inteligência e a estratégia, e faço mais e mais dinheiro, com mais leveza, graça e equilíbrio. Eu sou um colaborador da prosperidade do mundo. Eu sou o único responsável pela minha riqueza. Eu assumo minhas responsabilidades com amor e confiança. Eu não espero nada melhorar para agir. Eu ajo, então as coisas melhoram. Eu estou consciente de que não há apenas uma única maneira de ganhar dinheiro. Eu definitivamente entendo que existem múltiplas formas de fazer dinheiro. A sabedoria divina em mim assume isso como decreto e rompe todas as resistências que atrapalham esse recado. Quanto mais dinheiro eu faço, mais solidário me torno. Quanto mais prosperidade eu gero, mais generoso me torno. Eu tenho muito mais do que necessito. Eu estou grato por tudo o que recebo agora. Eu estou grato por tudo mais que estou para receber. Eu tenho o poder de atrair mais e mais dinheiro. Ele flui facilmente em minha direção. Eu simplesmente permito que esse circuito natural aconteça. O Universo está consistentemente oferecendo oportunidades milionárias para mim. A cada oportunidade que se encerra, outras milhares surgem.*

Eu sou livre para ser uma manifestação da prosperidade. Eu sou livre para ser tudo o que nasci para ser. Eu sou livre e feliz para viver o melhor de mim. Meus ganhos automaticamente estão crescendo mais e mais. Minha carteira está sempre recheada de dinheiro. Minhas contas bancárias estão sempre abundantes. E as oportunidades não param de chegar. Eu aceito a capacidade de lidar com tanta riqueza de forma leve e graciosa. Eu uso meu poder natural para lidar com toda a prosperidade e conquistas, e faço tudo com naturalidade e tranquilidade. Eu atraio as pessoas certas. Eu deixo ir quem precisa ir. Eu deixo ir tudo que não combina com leveza, abundância e liberdade. Eu sou grato a cada conta que pago. Eu sou grato a cada pagamento que faço. Eu abençoo todo o dinheiro que sai de mim. Meu coração está feliz com toda a prosperidade que tenho. Amor, leveza e liberdade. Amor, leveza e liberdade. Amor leveza e liberdade."

7. Coloque as suas mãos no peito, uma acima e a outra abaixo, e então repita: "Sou grato. Estou grato ao meu corpo, à minha consciência. Sou grato a todos os níveis e dimensões da vida. Sou grato a todos os níveis e dimensões da minha consciência. Sou grato a todos os níveis e dimensões do meu corpo. Está feito. Luz."

9

Faça rupturas e mude o seu mundo

Uma das coisas que eu aprendi é que toda alma humana, todo espírito humano, precisa fazer algumas rupturas em sua vida para que possa ser feliz e viver a sua missão, a sua essência. Ou para viver o seu darma, como os hindus falam. Ou, como eu sempre digo, para viver o seu melhor e brilhar na prosperidade. É como o pintinho ainda dentro do ovo: para nascer, ele tem que quebrar a casca, fazer a sua ruptura. Com o bicho-da-seda acontece algo semelhante, assim como o feijão precisa romper a vagem. Se não for assim, não tem jeito.

Na química, existe a chamada energia de ativação: quando os reagentes se juntam, criam uma energia interna no sistema que ativa a reação. Então, têm que superar aquele limite. Quando você faz um bolo em casa, ele fermenta para crescer. Se isso não acontece, fica abatumado e ninguém consegue comer. O fato é que existem algumas rupturas que temos que fazer na vida, mesmo que isso doa. Por exemplo, quando o dente rasga a gengiva do bebê, dói, ele pode ter febre e ficar manhoso. Mas depois que o dentinho rompe a barreira e cresce, vai facilitar a mastigação. Mais tarde, o dente de leite cai para dar lugar ao permanente. São rupturas.

Na vida humana, nós temos que fazer algumas rupturas para que o piloto automático possa se romper. À medida que você está lendo este livro, já deve ter questionado o seu piloto atual a ponto de dizer: "Eu preciso de outro". E este novo piloto que você irá escolher é nada mais, nada menos, do que aquele com os seus próprios termos. Sim, o piloto nos seus próprios termos. A verdade é que a cada dois ou três anos você deveria criar um novo piloto, assim como a metáfora do vaso. Você pega uma planta pequenininha e põe em um vaso grande. O tempo passa e as raízes começam a crescer, batendo no limite do vaso. E então você vai precisar trocar a planta para um vaso novo, maior. Depois que a raiz e a planta crescerem mais ainda, vai ser necessário trocar de vaso outra vez. Faz sentido?

Outra comparação é com uma escada. O primeiro degrau é a fundação. Depois dele, vêm o segundo degrau, o terceiro, o quarto, o quinto... Agora veja que curioso: o segundo degrau só existe porque tem o primeiro; o terceiro só existe porque tem o segundo, e assim sucessivamente. Portanto, na construção dos novos pilotos automáticos, fazemos um *update* daquela programação, como se fala em informática. É a atualização do nosso programa. Quando o programa está bom, você faz uma validação daquilo. Se houver algo que não está funcionando bem, você prepara a atualização. E as rupturas são necessárias para acontecerem os *updates* na sua programação. A seguir, vou listar uma sequência de rupturas muito importantes para ajudar você a domar o seu idiota interior.

PRIMEIRA RUPTURA: TRABALHAR COM O QUE GOSTA

Todo ser humano deve buscar essa primeira ruptura. Falei que é fácil? Assim como a ruptura do dentinho do bebê traz dor e febre, não é fácil. Talvez você já tenha feito esta primeira ruptura. Ótimo. Mas a verdade é que todo ser humano que não está trabalhando com o que gosta é como o pintinho dentro do ovo: se ele não quebrar a casca, vai morrer ali dentro. É também como a planta condicionada num vaso pequeno: se não sair dali, a raiz não cresce mais. A maioria dos seres no mundo não trabalha com o que gosta. Uma pesquisa revelou que 75% das pessoas trabalham só pelo dinheiro, e não com o que realmente amam fazer. Então, para você ser quem nasceu para ser, precisa realizar esta primeira ruptura.

SEGUNDA RUPTURA: DESAPEGAR-SE DA FAMÍLIA

"Como assim, Bruno?" Calma! Desapegar-se da família não é desrespeitar, não é brigar, não é querer deixar de ver. Não é nada disso. Desapegar-se da família é viver a família universal. Você desgarra da sua família e vai fazer outros amigos, passando a visitar a sua família de vez em quando. A segunda grande ruptura, portanto, é quando você entende que a sua família é a família universal. Que eu sou sua família, que seu colega de trabalho é sua família, que a sua vizinha é sua família, que a pessoa que você critica na TV é sua família. Quando você desapega, começa a entender que a família é importante sim, mas, como já viveu a realidade do dia a dia familiar ao longo do seu crescimento, agora chegou a hora de experimentar uma outra realidade: a da família universal.

TERCEIRA RUPTURA: VENCER O VÍCIO DA APROVAÇÃO

O vício da aprovação e aceitação alheia ou de terceiros é um bloqueador de felicidade. Desejo que atualmente você já faça o que acha melhor, independentemente do que os outros pensam.

Veja se você é assim: "Se o meu pai me aprovar, ótimo. Se a Maria me aprovar, muito bom. Se a Carla me aprovar, legal. Mas se eles não me aprovarem, ah, que pena. Porque eu vou fazer da mesma forma!". Espero que você já esteja nesse estágio de domínio do vício da aceitação. Se não for, está na hora de fazer esta ruptura. Você precisa estar alinhado com você e com a Fonte. Conexão com a Fonte é fazer o que você acredita.

QUARTA RUPTURA: COMPREENDER QUE VOCÊ NÃO É, VOCÊ ESTÁ

A maioria das pessoas vive com a ilusão dos rótulos e cascas. A quarta ruptura requer muita evolução espiritual. Entender que eu não sou o Bruno, eu estou Bruno. Você não é o João, você está João. Nosso corpo é um instrumento para vivermos na Terra, mas nós estamos passando por uma experiência espiritual. Eu sou uma força espiritual vivendo uma força material. Quando você entende isso e absorve esse conceito, alcança grandes rupturas. E, para isso, é preciso muito estudo da espiritualidade, muita consciência, muita leitura, muita oração, muita meditação e, acima de tudo, as afirmações que vão limpar a sua mente.

QUINTA RUPTURA: VENCER O MEDO DA MORTE

Essa ruptura vem com a consciência de eternidade. Os grandes seres sempre tiveram isso. Vencer o medo da morte é entender que as coisas vão e vêm, e que você é uma consciência ilimitada. O problema é que a maioria de nós tem medo da morte. Fazer esta quinta ruptura vai colocar você em um estado evolutivo incrível.

SEXTA RUPTURA: DEIXAR IR O QUE PRECISA IR E NÃO SE INSTITUCIONALIZAR NAS PRÓPRIAS CRIAÇÕES

O que significa isso exatamente? "Nossa, eu criei aquela empresa e não sei o que mais..." – a pessoa acha que ela é a empresa! Institucionalizou-se. Deixar ir o que precisa ir traz a consciência, por exemplo, de que chega uma hora que seus filhos batem as asas e vão embora. É compreender que tudo tem um ciclo e que as coisas começam e terminam. É um conceito máximo ligado ao desapego. Entender a hora de cuidar e a hora de soltar. Na Índia, existe o conceito da cosmogonia[1] hindu, que fala da tríade da origem do Universo: Brahma é a criação; Vishnu, a manutenção; e Shiva, a destruição, o final do ciclo. Então, tudo começa e termina.

Há questões que você precisa entender que tem que deixar ir. Coisas que para você, hoje, estão pesadas, estão velhas... Elas precisam ir embora. Existe uma lei na prosperidade chamada "lei do vácuo": para algo novo entrar,

---

[1] Cosmogonia é um conjunto de doutrinas, princípios (religiosos, míticos ou científicos) que se ocupa em explicar a origem do universo.

você tem que criar espaço para isso. O fato é que devemos, absurdamente, aprender a hora de deixar as coisas irem, a hora em que é preciso encerrar um ciclo.

Além disso, se institucionalizar é ficar tão apegado às suas criações, a ponto de não se permitir ser um canal para gerar coisas novas. É como se você tivesse a seguinte preocupação: "Eu criei aquilo e agora nem posso usar?". Não, você canalizou aquilo. Todo mundo fala da injustiça com o Walt Disney, porque, embora a marca Disney seja uma potência, ela não pertence mais à família dele. Mas ele foi um canal para aquilo que alegra o mundo inteiro. O mesmo acontece com a história do McDonald's: os criadores foram passados para trás, mas eles foram canais para criar a rede de lanchonetes que existe até hoje em praticamente todo o mundo.

Para a humanidade apegada, é impossível entender que há canais para as coisas surgirem e que depois elas vão passar. Você é um canal de Deus para expandir e melhorar o mundo. Eu sou um canal de Deus. Isso quer dizer que, em nossas criações e produções, fomos canais. Se nós nos institucionalizamos, parece que elas saíram de nós, e não saíram. E mesmo os filhos não são seus. Deus te empresta por um período. Se você acha que é dono daquilo que criou, lembre-se: você foi apenas o canal. E quanto mais você evidenciar isso em sua vida, menos vai ficar apegado.

Há pessoas que estão apegadas a negócios de família por 40, 50 anos, não largam daquilo. Outras que são apegadas a um trabalho, a uma empresa. Não deixam o cargo e não prosperam. Não dá, isso é apego material e também emocional, porque não conseguem entender a transitoriedade das coisas. Lembra dos venenos da mente? Um deles é o apego.

Então, enquanto você não entender isso, simplesmente não vai conseguir mudar a sua realidade.

DOIS RITUAIS VIRA MUNDO

Eu não escrevi este livro para brincar com a sua evolução e a sua transformação. O que eu quero é ver você decolando, você fazer o que eu fiz em 2008 quando troquei o meu piloto automático. E ao trocar o meu piloto, eu troquei a minha conta bancária; eu troquei a forma como eu tiro férias; eu troquei o número de metros quadrados da minha casa; eu troquei a marca do meu carro. Acima de tudo, quando eu troquei o meu piloto, eu troquei o comodismo, as experiências, a saúde, a tecnologia, o acesso ao estudo. Eu quero o mesmo para você, eu quero a vida que você merece, não a vida que está dando para ter.

Para ajudar você nisso, vou te ensinar a fazer dois rituais, os quais eu chamo Vira Mundo, capazes de transformar a sua vida em seis semanas – se você fizer direitinho, é claro. Trata-se de uma prática para ser feita ao dormir, para preparar a sua consciência, e outra ao acordar, quando o seu cérebro está numa frequência perfeita para mudar a sua realidade – ou seja, para trocar o seu piloto automático. Neste momento, nossa intuição está mais aberta e é a melhor hora para conversar com Deus. Quando o sol está nascendo, é o momento em que a vida está começando. É a hora da pureza, da fertilidade. Dessa maneira, quando você combina o exercício certo de noite com a prática correta de manhã, consegue mudar a sua realidade.

Na verdade, os rituais consistem no uso das palavras certas que você precisa ouvir. São frases para você afirmar. Mas, para que o seu cérebro responda melhor à nova programação, essas afirmações precisam ir variando a cada dia ou a cada semana. Não podem ser as mesmas. Senão, seria como ir à academia e querer fazer o mesmo exercício a vida inteira só para o bíceps direito. Assim, vai estragar o seu corpo.

No Clube da Positividade, disponibilizamos o método ACAM: Afirmações Código Aura Master. O ACAM faz com que o seu inconsciente se abra para que você, antes de dormir e ao acordar, tenha as palavras certas que vão atuar no piloto e mexer lá nos parafusinhos. No Clube, nós disponibilizamos 52 mensagens, 52 códigos Aura Master e 52 exercícios para uma reprogramação completa de seu cérebro.

"Ah, Bruno, mas eu não faço parte do Clube da Positividade!" Não tem problema. **Basta você apontar a câmera do seu celular para o seguinte QR Code** e ter acesso a duas dessas afirmações, que são as duas exatas que eu ensinei ao final dos capítulos 4 e 8. Se o seu celular não tiver o aplicativo nativo da câmera para ler esse código, é só baixar algum dos vários *apps* gratuitos existentes que fazem essa leitura, disponíveis tanto para iOS quanto para Android.

Você mesmo pode ler as afirmações antes de dormir e logo após acordar. Portanto, não há desculpas para não fazer o seu ritual e mudar sua vida. Essas duas afirmações no método ACAM, como você já aprendeu, não são definitivas e completas para sua transformação sem gerar a monotonia cerebral, mas já podem mostrar resultados iniciais e motivar você a continuar nesse caminho. Nesse caso, recomendo que você seja membro do Clube da Positividade, para poder receber o protocolo completo com 52 afirmações no método ACAM.

10

Dê, realmente, um fim ao seu idiota interior

Quando comecei a rascunhar as primeiras linhas deste livro, ainda estávamos vivendo os impactos da pandemia e a vacinação em massa dava sinais de avançar bem. A minha maior motivação para escrevê-lo foi mostrar às pessoas que elas podem ter um idiota interior que deixa a vida delas mais pesada. Meu intuito foi justamente trazer luz a uma sociedade que estava entristecida, sofrida, e que não tinha um piloto automático certo para lidar com as ameaças desse vírus devastador, que não tinha a mentalidade correta para lidar com tantos problemas. Meu objetivo foi, nada mais, nada menos, do que ajudar a destravar as pessoas, mostrando a todo mundo como ser feliz, saudável e próspero, que é o *slogan* do Luz da Serra, empresa que ajudei a fundar.

Com este livro, desejo criar um efeito dominó: eu cutuco você a mudar o seu piloto, você faz a sua parte para reprogramar a sua mente colocando em prática tudo o que ensinei, e, pelo seu exemplo, vai transformando os outros à sua volta. Pelo menos, esta é a minha intenção. Mas, agora, eu preciso perguntar a você: qual está sendo, de fato, o seu efeito dominó? Está coerente com o tipo de pessoa que você quer ser? Você está se doando para o mundo na medida certa? Está impactando as pessoas ao seu lado da forma correta ou tem sido frequência intrusa para elas? Eu quero que você pense qual tem sido o seu efeito dominó! Você é aquela pessoa que, quando chega na sua estação de trabalho, as pessoas ao redor fogem? Você é aquela pessoa que, na mesa de jantar da sua casa, começa a falar e sua família muda de assunto? Ou o seu efeito dominó está incrível? Aonde você chega, leva luz, amor e compreensão? Aonde você chega, impõe limites e sabe equilibrar as coisas?

Estou aqui para fazer você refletir. Afinal, lembre-se: as únicas mãos que amarram o camelo são as suas. A única pessoa que pode trocar um piloto velho por um piloto novo é você. Embora eu esteja aqui te mostrando o caminho, te dando a mão, não posso fazer isso por você. É você quem faz! Se ao terminar este livro você não fizer as técnicas certas, se não mudar o que é necessário, só terá ficado na teoria e não vai transformar a sua vida. Infelizmente, é o que mais acontece... Neste caso, qual terá sido o seu efeito dominó? Será baseado no seu piloto automático idiota? Ou você, definitivamente, terá tomado a decisão de criar um novo piloto?

Caso queira, realmente, alterar a sua programação mental, vai ser imperdoável se não usar um sistema que poucas pessoas se dispõem a colocar em prática. Para mudar o seu piloto automático, você precisará trabalhar o Físico, o Emocional, o Mental e o Espiritual – que eu chamo de FEME. Para mudar o piloto do seu cérebro a fim de destravar a sua vida e fazer tudo fluir com mais simplicidade, você precisa utilizar as ferramentas do sistema FEME. Quer se tornar um ser evoluído? Quer prestar o seu serviço na Terra? Para viver a sua missão de vida, vai ter que vencer alguns obstáculos e realizar as tão necessárias rupturas.

Tenha como foco a vida que você sonha, aquela em que tudo o que você põe a mão vira ouro. O meu piloto automático anterior a 2008 valia, por mês, cerca de 100 vezes menos do que eu valho hoje. Não tinha saúde, nem educação, nem *networking*. Não tinha abundância, felicidade e sucesso. Quando mudei o meu piloto, isso era (e ainda é) importante para mim, mas talvez o piloto automático importante para você seja a sua família. Cada um tem aquilo que é essencial para si. Eu conquistei na vida o que eu sempre sonhei. Mudei o piloto, mudei as conquistas. Avalie o que você deseja e transforme o que for necessário para chegar lá. **Vida nova, piloto novo. Vida velha, piloto velho. Não há vida nova com piloto velho, e ponto final!**

> VIDA NOVA, piloto novo.
>
> Vida velha, *piloto velho*.
>
> Não há VIDA nova com piloto velho, e ponto final!
>
> Bruno Gimenes
> @brunojgimenes

Se você chegou até aqui comigo, vamos encerrar este livro com chave de ouro? Agora é hora de sentir gratidão! Sabe, eu acredito que as pessoas são felizes quando são tudo o que nasceram para ser, e não o que dá para ser. **É aí que a prosperidade e os bons relacionamentos surgem e elas se tornam um ímã de coisas boas.** Então, responda agora, sem medo, qual foi o seu maior motivo de gratidão ao ler este livro? Porque eu sei que, se você entrou de cabeça aqui comigo, você mudou a sua realidade. Assim como eu, você também é um canal de Deus para expandir e melhorar o mundo. Você está nesta vida para mais, você tem um brilho sensacional! De alguma maneira, até este momento, seu piloto automático vinha jogando contra você, mas agora chegou a hora em que ele vai jogar a seu favor, porque ele é obra do que você quer. Pela primeira vez na sua história, você vai escolher o seu piloto automático e ninguém vai escolher por você. Antes, você não sabia que o seu cérebro poderia ser o seu inimigo; agora, sabe. E ao ter consciência disso, conquista clareza para tomar suas decisões. Então, diga bem alto qual é o seu maior motivo de gratidão e, por favor, vá fazer a sua parte, porque você tem as mãos que amarram o camelo, ninguém pode amarrar.

Eu estou com o meu coração preenchido de gratidão. Passei a você um conteúdo de extremo valor e profundidade, que, se aplicado realmente, vai transformar a sua vida. Abra a sua mente, abra o seu coração, porque você nasceu para brilhar, você nasceu para mais. É triste saber que algumas pessoas estão perdendo para a vergonha, para o medo... Que estão sendo sugadas e falam: "Nossa, ninguém me elogia!". Como é que pode, não é mesmo? Neste livro, eu provei que você pode mudar sua vida. Eu te apresentei o caminho para você prosperar, ser feliz e ter a vida dos sonhos. E, agora, pode ser que você me pergunte: "Quer dizer que vai funcionar para mim igual aconteceu com você?". Não, pode funcionar melhor ainda!

Faça da sua vida tudo aquilo que pode. Seja tudo o que nasceu para ser. Dê um basta em tudo o que te trava. Dê um fim às coisas que complicam. Dê o seu melhor, acorde para o que estava parado, sonolento. Pare de colocar a culpa nos outros. Pare de ter o vício da razão, o vício de ser notado, o vício do vício do vício. Pare de cobrar tanto das pessoas e de tê-las como fonte de energia. Seja a sua própria fonte de energia! Diga "chega!" ao seu piloto automático idiota. Escolha um novo piloto, para fazer a prosperidade brilhar. Bata no peito e fale: "Eu sou um canal de Deus para expandir e melhorar o mundo!".

> **BRILHA, PROSPERIDADE!**
>
> **EU QUERO VIVER ISSO.**
>
> **E VOCÊ?**
>
> Bruno Gimenes
> @brunojgimenes

Transformação pessoal, crescimento contínuo, aprendizado com equilíbrio e consciência elevada. Essas palavras fazem sentido para você?

Se você busca a sua evolução espiritual, acesse os nossos sites e redes sociais:

Leia Luz – o canal da Luz da Serra Editora no **YouTube:**

Luz da Serra Editora no **Instagram:**

Luz da Serra Editora no **Facebook:**

Conheça também nosso **Selo MAP – Mentes de Alta Performance:**

No **Instagram:**

No **Facebook:**

Conheça todos os nossos livros acessando nossa **loja virtual:**

Conheça os sites das outras empresas do Grupo Luz da Serra:

luzdaserra.com.br

iniciados.com.br

luzdaserra

Luz da Serra®
EDITORA

Avenida Quinze de Novembro, 785 – Centro
Nova Petrópolis / RS – CEP 95150-000
Fone: (54) 3281-4399 / (54) 99113-7657
E-mail: loja@luzdaserra.com.br